Sax-Führer

Leipzig ostwärts

Parthendörfer
Steinbrüche
Autobahnseen

Wandern um
Machern/Püchau,
Beucha/Brandis und
Naunhof/Parthenstein

Lutz Heydick
Fotografie Werner Fiedler

← Übersichtskarte

Sax-Verlag Beucha

Für Maximilian, Philipp, Friederike, Anne, Felix, Konstantin ...

Bildmotive des Schutzumschlages
Vorderseite: Bergkirche Beucha und Kirchbruch; Österreicherdenkmal 1813 ausgangs Holzhausen
Rückseite: Winterliche Parthe bei Naunhof
Vordere Umschlagklappe: Parthenaue vor Borsdorf; Dorfkirche Engelsdorf; Naunhofer Autobahnsee
Hintere Klappe: Schloß Brandis, Gartenfront; Pfarrhaus und Kirchturm Pomßen

Die Deutsche Bibliothek - CIP-Einheitsaufnahme

Leipzig ostwärts :
Parthendörfer, Steinbrüche, Autobahnseen ; Wandern um Machern/Püchau, Beucha/Brandis und Naunhof/Parthenstein / Lutz Heydick. [Fotogr. Werner Fiedler]. – 2., überarb. und erw. Aufl. – Beucha : Sax-Verl., 1997
(Sax-Führer)
ISBN 3-930076–47–0

ISBN 3-930076–47–0

2. überarb. u. erw. Auflage 1997

Federzeichnungen: Manfred Wagner, Dresden
Kartographie: Karl-Heinz Barnekow, Leipzig
Umschlaggestaltung: Hans-Jörg Sittauer, Leipzig
Herstellung: Offizin Andersen Nexö Leipzig, Betrieb der INTERDRUCK Graphischer Großbetrieb GmbH
gedruckt in leipzig

INHALT

»... DER GEH DER SONN' ENTGEGEN«

Tatsächlich findet, wer von Leipzig am Wochenende ausfliegen will, ostwärts, hin zu Parthe und Mulde, wohl am ehesten das, was er an Entspannung und aktiver Erholung sucht – Wälder, Seen, Steinbrüche, noch naturnahe Landschaftspartien, geschichtsträchtige Siedlungen am mittleren Parthenlauf, zwischen Panitzsch und Grethen. Macherner Park, Lübschützer Teiche, Oberholz, Naunhof-Brandiser Forst mit dem Kohlenberg, die Autobahnseen zwischen Kleinpösna und Naunhof wie die Beuchaer und Ammelshainer Steinbrüche sind Leipzigern vertraute Sonntagsziele oder Laubenparadiese. Radfahrer, Wanderer, FKK-Fans und Surfer finden da ideales Terrain.

Was leichter, als zwischen den Arbeitswochen dort aufzutanken, auch mal dem Auto zu entfliehen: sich der S-Bahn nach Borsdorf–Machern oder Zügen nach Beucha–Naunhof–Großsteinberg anzuvertrauen, in Beucha evtl. auf den Triebwagen nach Brandis (z.Z. noch bis Ammelshain–Trebsen) umzusteigen bzw. Leipzig auf der Bahnstrecke Oberholz–Belgershain zu verlassen. Oder sich aufs Fahrrad zu schwingen und die nur 15–25 km selbst zu erschließen, allein, zweisam oder mit »Kind und Kegel« auszutrudeln.

Gleichwohl bleibt auch dem Leipziger Autofahrer hierher bestmöglicher Zugang, bietet doch die Autobahn nach Dresden mit Engelsdorf-Wurzen, Kleinpösna-Hirschfeld, Naunhof-Brandis, Klinga-Ammelshain gleich vier Abfahrten mit kurzen Anfahrtswegen ins Parthenland zwischen Panitzsch und Grethen, ins Gebiet rund um Sorgen-, Kohlen-, Hasel- und Windmühlenberg, in das der Sax-Führer nun schon in der zweiten Auflage einlädt.

Nicht nur das Äußere des Buches hat sich seitdem durch die Farbfotografien Werner Fiedlers eindrücklich verändert. Auch das Angebot an Literatur und Karten zum Raum (Kartographie Büro Borleis & Weis, Verlag Dr. Barthel u.a.) ist dichter geworden. Allein aus dem Sax-Verlag Beucha kamen mit den Bänden »Wandern im Wurzener Land« und »Wanderungen in der Parthenaue« (Leipzig-Taucha-Panitzsch-Borsdorf) zwei regional anschließende Sax-Führer hinzu, ferner das Sax-Album »Der Landschaftsgarten zu Machern«. Für Kinder gar stehen Manfred Müllers Heimatkunde »Mein Muldentalkreis« und der von Eckhard Klöthe illustrierte »Sagenschatz von Ammelshain« vorbildhaft wie anregend zur Verfügung.

Verändert hat sich seit 1992/93 auch die Landschaft selbst. Im leipzignahen Raum sind große Einkaufscenter und Gewerbegebiete, wie in Paunsdorf und Gerichshain, hinzugekommen. Vor allem entlang der B 6 schwanden Grünzüge/Feldflächen, gingen Stadt-Land-Übergänge optisch verloren, wuchs das Verkehrsaufkommen für Anlieger ins Unerträgliche. Hier ist eine neue Fernverkehrstrasse nördlich von Engelsdorf–Borsdorf–Gerichshain in Sicht, so daß die alte Poststraße von Leipzig nach Dresden dann wieder entlastet wird. Verdichtet hat sich mit der Großstadtflucht auch das Siedlungsbild des Raumes, nicht immer ländlich, dem Ortsgepräge angepaßt – doch im ganzen als mächtiger Innovationsschub für die Dörfer und kleinen Städte des Parthenlandes. Erfreulich, daß vielerorts neue Radwege entstanden sind und sich eine durchgehende Streckenführung aus Leipzig raus, hin zu Parthe und Mulde, abzeichnet.

Beibehalten wurden die Wanderkarten zum Raum Machern-Lübschütz/Püchau und zu Beucha/Brandis-Naunhof auf den Innenseiten des Umschlages vom Leipziger Grafiker Karl-Heinz Barnekow, ebenso die Federzeichnungen nach der Mitte der 1980er Jahre von dem Dresdner Denkmalpfleger und Hochschulprofessor für Architektur Manfred Wagner. Wie die illustrativen Karten atmen sie jene Vertrautheit, die heimatgeschichtliche Literatur für die Einwohner des Gebietes selbst attraktiv macht. Denn natürlich will dieses Buch mit seinen Dorfgeschichten, Stadtgängen und Landschaftseindrücken auch eine Referenz an die etwa 30 Orte des mittleren Parthenlandes sein.

NACH MACHERN

Über Sommerfeld – Panitzsch – Cunnersdorf – Tresenwald – Gerichshain

Unsere nördlichste Leipziger Ausfallsroute, die B 6, ist eigentlich die alte Poststraße Leipzig–Dresden, von sächsischen Kurfürsten im 17. Jahrhundert eingerichtet und namentlich von August dem Starken für viele Messebesuche genutzt. Sie führt aus Leipzig auf der zielgebenden Wurzner/Riesaer Straße nach Paunsdorf und vorbei an dem seit 1993/94 mit 70 000 m^2 Verkaufsfläche sowie Sportpark, Erlebnisbad u.a.m. entstandenen, gleichnamigen Großcenter (P.C.) – hinein nach **Sommerfeld**, das 1923 nach Engelsdorf eingemeindet worden ist.

Kurz nach der Ortseinfahrt erreichen wir linkerhand einen langgestreckten, gepflegten Anger, den Arnoldplatz. Eine Gedenktafel erinnert an den 1650 in Sommerfeld geborenen Christoph Arnold, einen der frühen sächsischen Bauernastronomen. In seinen freien Stunden widmete er sich mit eigener Sternwarte Himmelsbeobachtungen, entdeckte 1682 einen (den späteren Halleyschen) Kometen. 1695 ist er hier verstorben, sein Grabstein befindet sich in der Sommerfelder Kirche. Sie beherrscht den Anger und grüßt mit ihrem Turmkreuz ins weitere Umfeld, wie auch das benachbarte, heute zum Gut Engelsdorf gehörende Gutshaus, mit Fachwerk und Türmchen.

Nicht zu übersehen sind einige Findlinge auf dem Anger. Die großen Geschiebeblöcke erinnern an die landschaftsgestaltende Eiszeit, als mächtiges Inlandeis Gesteinstrümmer herantransportierte, teils abschliff und nach seinem Abschmelzen als Grundmoräne ablagerte. Wo der Gesteinsschutt ganz zermahlen worden ist, bildete sich Geschiebemergel, nach dessen Verwitterung dann jener Geschiebelehm, der die schweren, aber ertragreichen Böden der Leipziger Tieflandsbucht bestimmt. Von Endmoränen, hier der

Tauchaer, spricht man, wenn, wie an den Macherner Höhenzügen abzulesen, das Geschiebe vor der saalekaltzeitlichen Eisstirn wallartig aufgetürmt wurde und so reliefprägend geworden ist.

An Sommerfeld führt die Autobahn vorbei. Der von Halle Mitte der 1930er Jahre vorangetriebene Reichsautobahnbau ist mit dem nahenden Weltkrieg hier abgebrochen, dann erst 1969/71 bis Dresden weitergeführt worden. Von der Engelsdorfer Autobahnbrükke, die im Zusammenhang mit der projektierten Verlegung der B 6 zwischen Sommerfeld und Machern eine nördliche Entsprechung erhalten wird, öffnet sich der Blick in den südöstlichen Parthenraum, hin zum Beuchaer Kirch- und Brandiser Kohlenberg.

Von der B 6 können wir in die sogenannte Dreiecksiedlung einbiegen und **Panitzsch** anstreben. Dessen Kirchberg ist ein 12 m über der Parthenaue liegender Endmoränenhügel. Weithin leuchtet der weiße Anstrich der romanischen Wehrkirche. Ihr 23 m hoher massiver Feldsteinturm mit Satteldach wie auch die der Böschungskante aufsitzende, die Bergkuppe umlaufende Lehmmauer mit ihrem Doppeltor boten im Mittelalter zusätzlichen Schutz. Neuere Grabungen im Kirchenraum haben Bodenverfärbungen in Pfostenabständen, so den Pfostenbau einer frühen hölzernen Vorgängerkirche nachweisen können, wie auch in der nahen Sehliser Kirche. Der kelchförmige Taufstein zeigt sich als grobbehauener Granitfindling. Die größere der beiden mittelalterlichen Glocken weist figürliche Ritzzeichnungen auf. Als das Kirchenschiff im Jahre 1705 beträchtlich verlängert und erhöht worden ist, gewann das Gotteshaus barocke Züge.

Ausgangs des Kirchhofs steht eine 400jährige Linde. Hier, in der östlichen Ortslage, dürfte der slawische Ansatz von Panitzsch zu suchen sein. Die deutsche Ansiedlung der aus dem Niederrheinischen, Flämischen und Fränkischen kommenden Kolonisten folgte dann dem heutigen Zug der Langen Straße, der sich im 15. Jahrhundert ein südlicher Ausbau um die Teichstraße durch Zuzug aus den wüst werdenden

In der Parthenaue vor dem Panitzscher Kirchberg

Linke Seite:
An der Sommerfelder Kirche, auf dem Arnoldplatz
Dorfkirche Panitzsch, Blick zum barocken Kanzelaltar

Dörfern »Wilchwicz« und »Cunradisdorf« anschloß. Als »villa Bansz« wird das Dorf 1267 in einer stiftsmerseburgischen Besitzteilungsurkunde der Brüder von Friedeburg 1267 ersterwähnt. Hoyer der Jüngere von Friedeburg erhielt damals außer linkssaalischem Besitz Panitzsch mit »Zubehörungen«, worunter vermutlich auch die später als zu Panitzsch gehörig beurkundeten Dörfer Althen, Schönefeld, Volkmarsdorf und Wolfshain zu verstehen sind. Die Edelfreien von Friedeburg, wohl aus dem Mansfeldischen kommend, sind eines der ganz wenigen Herrengeschlechter der Kolonisationszeit, die im Osten Leipzigs namhaft wurden. Hoyer d. J. verkaufte den rechtssaalischen Besitz schon 1269 an den merseburgischen Bischof, der sich in den Folgejahren nur schwer der Ansprüche des wettinischen Markgrafen Dietrich von Landsberg auf die Ostgrenze seines Bistums erwehren konnte.

1335 erscheint Panitzsch unter dem markgräflichen Amt Leipzig, 1438 wurde es mit seinen Einkünften vom Landesherrn der Leipziger Universität zugewiesen, 1534 dem Rittergut Cunnersdorf angegliedert. Dieses hatten die Brandiser Grundherren von Bünau nach Kauf des wüsten Cunnersdorf 1516 aufgebaut, doch nicht für lange. Bereits 1607 fiel das stark verschuldete Gut zusammen mit Panitzsch an den Leipziger Rat, wie es zuvor auch Taucha ergangen war.

Pfarrer Johann Jakob Vogel hat auf dem Kirchberg Panitzsch von 1697 bis zu seinem Tode 1729 seelsorgerisch gewirkt und als einer der ersten sächsische Geschichte geschrieben, u.a. auch die für Leipzigs Historie wichtigen »Annales Lipsiae« verfaßt.

Genau 200 Jahre später ließ sich die Ärztin Margarete Blank in Panitzsch nieder, eine überaus mutige Frau, die in der NS-Zeit Angehörigen von politischen Gefangenen, dann Kriegsgefangenen und Zwangsarbeitern aus den nahen Tauchaer Rüstungsbetrieben mit Medikamenten und Lebensmitteln geholfen hat. Am 8. Februar 1945 wurde sie in Dresden hingerichtet, ein Gedenkstein vor der Schule und eine Tafel an ihrem Wohnhaus am Ortsrand erinnern an sie.

Wir verlassen Panitzsch nordöstlich, ein Stück der abfließenden Parthe folgend, auf deren Wiesen die Pferde des hiesigen Reiterhofes tummeln, bis zum Abzweig Cunnersdorf. Hier knickt die Parthe nordwestlich ab, schlängelt sich nach Taucha hin, um dann westwärts über Thekla dem städtischen Großraum und der Weißen Elster zuzufließen.

In umgekehrter Richtung, flüßchenaufwärts, zählte die Parthe seit Ende des 19. Jahrhunderts zu den beliebtesten Leipziger Ausflugstouren, mit schönen Zielgaststätten in den anrainenden Dörfern. Von Schönefeld oder Mockau her gelangt man auch heute schnell in die noch immer reizvolle Theklaer Parthenaue und über Plaußig–Seegeritz–Cradefeld–Graßdorf hinein nach Taucha, von dort über Plösitz–Döbitz–Dewitz–Sehlis auf Panitzsch zu – eine alte Anmarschroute, die in den letzten Jahren von dem in Taucha ansässigen Zweckverband Parthenaue als Fuß- und Radwanderweg bis Borsdorf ausgebaut wurde und über die B 6 hinweg bis Zweenfurth führt. Eine andere Radwanderroute läuft von Leipzig–Taucha über Panitzsch–Cunnersdorf durch den Tresenwald nach Püchau und auf den Muldental-Radwanderweg zu.

Ihr schließen wir uns an, dem teilverrohrten Wachtelbach aufwärts folgend, hin zum Steingassenteich in **Cunnersdorf**, einem Rittergutsflecken, der seither landwirtschaftlichen Forschungszwecken und Reitturnieren diente, und hin zum Waldrand der Trese. Die ca. 5 km^2 große Waldung auf Gerichshainer und Püchauer Flur ist Wasserscheide zwischen Parthe und Mulde. Seit ihrer einstigen Grenzlage zwischen Sachsen und Preußen ist sie noch immer ein ganz ruhiges Fleckchen Erde, wildreich und idealer Vogelbrutplatz – namentlich der Tresenteich am Ende der Lübschützer Teichkette im Nordostzipfel des Tresenwaldes. Am Ostrand des Traubeneichenmischwaldes liegt die Iriswiese, ein Flächennaturdenkmal für die seltene gelbblühende Wasserschwertlilie.

Südwärts, zur Linken den 160 m hohen Wachtelberg, gelangen wir nach Gerichshain.

Über Mölkau – Engelsdorf – Althen – Borsdorf – Zweenfurth – Gerichshain – Posthausen

Die Siedlungsmasse von Engelsdorf liegt südlich der Bundesstraße und der Leipzig-Wurzner Bahnstrecke; dorthin gelangen wir vom Leipziger Volkspark Stünz durch die Aue der östlichen Rietzschke über die Stadtgrenze hinweg nach **Mölkau**. Seit der Jahrhundertwende ist es eine von Leipzigs Trabantensiedlungen mit städtischen Merkmalen und repräsentativen Bauten wie dem 1925 errichteten Gemeinde- und Postamt und vielen Industriegründungen. 1891 hatte sich hier z.B. die Pianofortefabrik Gebr. Zimmermann angesiedelt, die dann nach Zusammenschluß mit den »Phonola-Werken Ludwig Hupfeld« in Böhlitz-Ehrenberg 1926 zum größten deutschen Konzern dieser besonders in Leipzig beheimateten Branche aufstieg. Das alte Mölkau ist ein Sackgassendorf an der Rietzschke, 1324 »Mylkowe« genannt, 1381 vom Leipziger Thomaskloster gekauft, nach dessen Säkularisierung an den Leipziger Rat gekommen. Mölkau-Süd ist das 1934 eingemeindete Zweinaundorf, das wir auf unserer nächsten Tour nach Beucha und Brandis in Richtung Baalsdorf durchfahren.

Wir halten uns indes auf der Engelsdorfer, Mölkauer und Althener Straße ostwärts, am Wasserturm und Kirchhof von **Engelsdorf** vorbei. Die Kirche ist ein Neubau von 1832 mit klassizistischer Ausstattung. Das eigentliche »Dorf«, dessen Einwohnerzahlen mit der neu eingerichteten Werkstätteninspektion der Königlich-sächsischen Eisenbahn nach der letzten Jahrhundertwende auf über 2 000 emporschnellten, streifen wir nur, diesmal südlich.

Von Engelsdorfs großem Rangierbahnhof erfolgte die Trennung der sächsischen Transportgüter nach Thüringen und Preußen nordwärts um Leipzig bzw. für Westsachsen und Bayern südlich zur Bayrischen Bahn nach Gaschwitz. Die 1910 gegründete »Baugenossenschaft für Eisenbahnbedienstete« begann mit mehrgeschossigem Wohnungsbau an der Werkstät-

Der Engelsdorfer Wasserturm an der Althener Straße

ten-, Klinger-, Wasserturm- und Bahnhofstraße. 1927 erhielt Engelsdorf gar Anschluß an Leipzigs Straßenbahn – bis 1974, heute noch an Schienen und der Wendeschleife im Straßenpflaster erkenntlich.

Auch der ursprüngliche Dorfanger ist der Hauptstraße (mit Gasthof Alt Engelsdorf) noch abzulesen. Von alters her war das 1311 »Engillistorf« erstgenannte deutsche Straßendorf zusammen mit dem nördlich gelegenen Sommerfeld eines der wenigen unmittelbaren Leipziger Amtsdörfer. Sie standen unter voller patrimonialer Gerichtsbarkeit des Leipziger Amtes und dessen jährlicher Rügegerichte, bis ins 18. Jahrhundert hinein.

Engelsdorf hat seine Einwohnerzahl nach der Wende auf etwa 10 000 verdoppeln können, durch Neubaustandorte wie auch durch die Eingemeindung von Althen, Baalsdorf, Hirschfeld und Kleinpösna.

Wer vom Leipziger Hauptbahnhof aus mit dem Zug in Richtung Wurzen, Großbothen, Glauchau oder Meißen startet, wird zunächst des tristen Industriegeländes Ost, der »Reichsbahnwerkstätten«, des Bahnhofs Engelsdorf wie neuer Gewerbe- und Wohnstandorte gewahr, bevor er **Althen** passiert und sein nach Grün verlangender Blick sich aufhellen könnte. Einst hätte er dort auch aus- und zusteigen können. Und nicht nur das, sondern Ende April 1837 ist in Althen gar Endstation der im Bau befindlichen ersten deutschen Ferneisenbahn von Leipzig nach Dresden gewesen. Sechs girlandengeschmückte Eisenbahnwagen erreichten mit der englischen Lokomotive »Blitz« nach 20minütiger Fahrt den Ort, wo Deutschlands erstes Bahnhofsrestaurant die »so gefahrvoll« über 9 km Angereisten empfing. Am Gleisübergang der nach dem Eisenbahnpionier Friedrich List benannten Straße steht ein Denkstein für das Jahrhundertereignis. Heute lassen die Züge Althen »links (und rechts) liegen«, einen Ort, der jedoch die Radetappe lohnt.

Wie gesagt, von der Engelsdorfer Kirche her gelangen wir auf der Althener Straße in das südlich der B 6 gelegene Straßendorf mit spätromanischer Chorturmkirche, daneben der alte Gasthof. Seit dem Jahre 1443 befand sich das Dorf im Besitz der Leipziger Kaufmannsfamilie Preußer, einem der ältesten Patriziergeschlechter der Messestadt, dessen Name durch das Preußergäßchen Leipzigern noch geläufig ist. Erste Erwähnung hat Althen in einer stiftsmerseburgischen Urkunde von 1270 gefunden – ähnlich wie Borsdorf, das, ob mit Rad oder Zug, östlich als nächstes erreicht wird. Dem Radfahrer und Wanderer ist statt der B 6 ein stiller innerer Weg südlich des Gleiskörpers über den Parthensteg hinweg zu empfehlen.

Die Parthenwiesen vor **Borsdorf** sind eine schöne Landschaftspartie. Eingangs des Ortes spannt sich an der Alten Leipziger Straße eine dreibogige Steinbrükke über das Flüßchen. Es ist die älteste Siedlungsstelle des Dorfes, das in der bei Panitzsch erwähnten stiftsmerseburgischen Besitzteilungsurkunde der Brüder von Friedeburg 1267 miterwähnt wird. Der sackgassenartige Weiler bestand jahrhundertelang nur aus wenigen Gehöften, einer Schmiede, dem Geleitshaus für die Brückenzolleinnahme und einem Gasthof. Im alten Dorfkern ist jüngst ein Bauernhaus des späten 18. Jahrhunderts mit Fachwerk im Obergeschoß zur Nutzung als Jugendfreizeitzentrum und kommunale Begegnungsstätte vorbildlich saniert worden.

Neben der Parthenbrücke liegt »Villa Liebknecht«, ein stattlicher Bau mit klassizistischer Fassade, in dem die polizeilich aus Leipzig Ausgewiesenen August Bebel und Wilhelm Liebknecht Anfang Juli 1881 Einzug hielten. Letzterer hat dort bis zur Aufhebung des Bismarckschen Sozialistengesetzes und bis zu seiner Übersiedlung in die sozialdemokratische Parteizentrale nach Berlin 1890 gewohnt. Eine Gedenktafel erinnert an die hier 1930 erfolgte sozialdemokratische »Heerschau« mit 10 000 Teilnehmern.

Nach den Eisenbahnanschlüssen an die Wurzener (1838) und an die Grimmaer Strecke (1866) ist Borsdorf als bald großstädtischer »Landhausvorort« bis 1925 auf 3 000 Einwohner angewachsen. Entlang der Bahnlinie stehen zeugnishaft die Villen, u.a. reich verzierte Klinkerbauten (wie das Postamt). Mehr noch kann sich der Radfahrer über den Viadukt hinweg zwischen Gleisbett und Schwanenteichpark davon überzeugen. In einer dieser Villen (Heinrich-Heine-Straße 40, Gedenktafel) wohnte der Komponist Ottmar Gerster bis zu seinem Tode im Jahre 1969. Der weitläufige Park am alten Parthenarm bietet eine wechselnde Wasser-, Wiesen- und Waldkulisse. Hier »An den Riedwiesen« wie auch im Norden »An der Parthenaue« sind nach der Wende neue, zum Teil sehr kompakte Wohnsiedlungen entstanden, die wieder an Borsdorfs guten Ruf als bevorzugte Leipziger Wohngegend anknüpfen.

Dorfkirche Zweenfurth

Linke Seite:
Dorfkirche Althen
Alte Borsdorfer Parthenbrücke

Auf der B 6 rollt heute noch viel Verkehr durch den Ort, der seit dem Abzweig nach Grimma auch Eisenbahnknoten geworden ist. Die Strecke knickt nach dem Borsdorfer Bahnhof vom Wurzener Hauptgleis nach Süden ab, auf hohem Bahndamm in Richtung Beucha, und streift dabei die Gartensiedlung von Zweenfurth. Ähnlich läuft auch der ausgangs Borsdorf, noch vor dem restaurierten Wasserturm, rechts abzweigende Steinweg als Landstraße auf Beucha zu.

Bis zum Bahnstreckenabzweig konnte es noch anfangs der 1860er Jahre passieren, daß hier *»der Leipziger Personenzug ein paar Minuten länger hielt, weil die Pfarrfrau aus Beucha mit dem Kinderwagen auf dem Zweenfurther Fußwege verspätet zur Station eilend erspäht worden war«*. Das empfand unser Gewährsmann bereits 1911 bemerkenswert. Uns macht es schmunzeln, aber auch geduldiger?

Einst war Borsdorf nach **Zweenfurth** eingepfarrt, die dortige Kirche wiederum eine Tochter der Bergkirche Beucha. Zweenfurth hat im Jahre 1264 erste Beurkundung erfahren. Wendet man sich von der Bahnschranke der Landstraße in den Ort an den »Zwei Furthen« hinein, trifft man an der zweiten Brücke auf die vertraute Parthe und die wenig dahinter einmündende Threne. Die Kirche ist ein im Kern vorreformatorischer, jüngst erst restaurierter Bau (Schiff 1844). Hier mündet von Borsdorf her ein durch Wiesen verlaufender Rad- und Fußweg ein. Die Zweenfurther Lachen sind als Brutstätten von Wassergeflügel ein geschützter Biotop.

Wir kehren nach kurzem Parthenabstecher durch Zweenfurth wieder zum Bahnübergang am Steinweg zurück und haben dort an einem unauffälligen Wegweiserstein (Panitzsch/Beucha; Zweenfurth/Gerichshain) zu wählen: zwischen dem Rückweg nach Borsdorf zur B 6 (bzw. über sie hinweg nach Panitzsch) oder dem jüngst befestigten Weg durch die Felder nordöstlich nach Gerichshain – links den Borsdorfer Wasserturm und den hohen S-Bahndamm im Blick, rechts die Waldstreifen der Brandiser Fasanerie und des Kohlenberges.

Ein großes Gewerbegebiet ist am westlichen Ortsrand von **Gerichshain** beiderseits der B 6 entstanden – nunmehr Leipziger Entree ins Wurzener Land, zudem erstes voll belegtes Gewerbegebiet im Leipziger Raum überhaupt. Das ursprüngliche Straßendorf, 1350 erstgenannt, läßt sich nicht verkennen, mit großen Bauerngehöften entlang der Leipziger Straße, das schönste linkerhand der Fachwerkbau Nr. 39, dahinter die Gaststätte Zörner. Leider haben jüngste Wohneinbauten auf einigen abgeräumten Bauernstellen nachhaltig das historische Straßenbild durchbrochen. Hinter der von einer Bildungs- und Kongreßzentrum GmbH des Europäischen Bildungswerkes betriebenen Gaststätte »Zur Kastanie« und dem Zierteich liegen die Dorfkirche mit Wetterfahne und Sonnenuhr von 1784/85 sowie Pfarrhaus und Friedhof. Am Ortsausgang Richtung Machern entsteht am Sportplatz eine gleichnamige Volkshaus-Siedlung.

Mehr als die Gerichshainer Bahnstation mit ihrem nunmehr denkmalgeschützten Bahnhäuschen südlich der B 6 war es einst der nahe Ortsteil **Posthausen**, der beim Bau der ersten deutschen Ferneisenbahn von sich reden machte, erfolgte doch dort Ende März 1837 die Probefahrt der ersten englischen Lokomotive. Posthausen – das sind wenige Häuser an einer schönen Lindenallee. Obschon 1378 beurkundet, fiel der Ort bis 1469 wüst und ist erst wieder besiedelt worden, als das Brandiser Rittergut ihn (wie Gerichshain) Anfang des 16. Jahrhunderts übernahm und hier ein Vorwerk mit Schäferei einrichtete.

Keine 2 km weiter, tief eingeschnitten, folgt Bahnstation Machern, beliebte S-Bahnstation via Wurzen für Leipziger Ausflügler.

Im Landschaftsgarten Machern, mit Ausflug zu den Lübschützer Teichen und nach Püchau

Der über 2 km lange Durchstich durch die Macherner Höhe für den Bau der Leipzig-Dresdner Eisenbahn war seinerzeit mit höchst aufwendigen Erdarbeiten verbunden. Im Februar 1836 nahm man sie als ebenso wichtig angesehene Vorleistung wie die Wurzener Muldenbrücke in Angriff, wofür 150 Jahre später der Gedenkstein an der Macherner Straßenbrücke oberhalb des Bahnhofs gesetzt wurde.

Für die im Sommer 1835 abgesteckte Trasse zwischen Leipzig und Wurzen mußte Grund und Boden von über 1 200 Grundstücksbesitzern erworben werden. Die Brandiser Gutsbesitzer hatten sich einer Streckenführung über ihre Fluren verweigert – anders die aus Leipzigs Handelsbürgertum kommende Macherner Gutsbesitzerfamilie Schnetger. Im Mai 1838 fuhr der erste Zug auf dem Streckenabschnitt. Über die Einweihung schrieben Zeitgenossen: *»... und in der Tat gewährte die lange Reihe von überfüllten Wagen mit ihren dampfenden und schnaubenden Lokomotiven einen großartigen Anblick, welcher bis weit über die Grenzen der gewöhnlichen Spaziergänge der Stadt hinaus den zahllos an beiden Seiten der Bahn versammelten Zuschauern den freudigsten Zuruf entlockte, der nicht minder lebhaft von den Fahrgästen erwidert wurde. Der Gerichshainer Damm, dessen Vollendung so großen Aufenthalt verursacht, und der Durchstich bei Machern, welcher gleichfalls die Vollführung des Werkes lange verzögert hatte, wurden pfeilschnell durchflogen ...«*

Die B 6 ist auch für die Ortslage **Machern** problembeladen, wenngleich der größere Siedlungsteil sowie Schloß und Landschaftspark, die vielzitierte »*grüne Oase im Herzen Sachsens*«, nördlich der Bundesstraße liegen. Dazu zählen auch die Siedlungshäuser bis hin zum Mühlteich der »Gartenstadt Machern GmbH«, der Tochtergründung des Schnetgerschen

Schloßvorplatz Machern

Rittergutes, die 1934 Großstädter wie folgt umwarb: *»Wer Liebe zur Natur hat, an die Zukunft seiner Kinder denkt oder sich einen behaglichen Lebensabend schaffen will, sichere sich zunächst ein Stück Land und ziehe hinaus in das schon über 100 Jahre vielgerühmte Machern ... Nur 15 Autominuten von der Stadtgrenze Leipzigs, 18 km vom Hauptbahnhof entfernt, errichtet man in stiller Beschaulichkeit sein gemütliches Heim oder Wochenendhaus, befindet sich trotzdem nicht weit von der Arbeitsstätte und genießt zugleich die Vorteile der Großstadt ...«*

Heute ist Machern wieder angebotener Wohnungsbaustandort, doch zum Teil zu dicht bebaut wie die

Schloßblick-Siedlung südlich der B 6 oder konfliktgeladen wie die Planungen in der Landschaftsschutzgebietszone im Norden des Ortes.

Nordöstlich des Mühlteiches findet sich am Mühlenweg ein geologisches Naturdenkmal: der »Macherner Findling«, mit eiszeitlichen Gletscherschrammen.

Von dem heute etwa 2 500 Einwohner (mit eingemeindeten Dörfern Gerichshain, Lübschütz, Plagwitz, Püchau und Dögnitz 6 000 Einwohner) zählenden Ort ist zuerst die dem Merseburger Bistum zugehörige Kirche – zusammen mit Brandis – 1121 beurkundet worden, das Gassengruppendorf mit Wegzeile dann 1192. Am Oberlauf der Gottschalke, die sich durch den Schloßpark und Mühlteich ostwärts wendet, haben Flamen Großmachern gegründet (1284 »maiores Macherin«; demgegenüber Wenigmachern, das nordöstlich auf Nepperwitz zu liegt).

Die im Mittelalter besitzgeschichtlich mit Brandis verbundene Wasserburg wechselte im Jahre 1430 an die Herren von Lindenau, deren Stammsitz das gleichnamige, 1891 in Leipzig aufgegangene Dorf war. Das Geschlecht saß auch auf den Gütern Zeititz, Polenz und Ammelshain. Als die Macherner Linie nach dem Dreißigjährigen Krieg ausstarb, fiel die Herrschaft Machern an die Polenzer Linie »Oberen Theils«. Für fast fünf Jahrhunderte bestimmte die Familie von Lindenau die Geschicke Macherns. An sie erinnern Grabdenkmäler seit dem 16. Jahrhundert in der spätgotischen, 1615 erweiterten Dorfkirche, mit dem spätgotischen geschnitzten Marienaltar aus der Leulitzer Kirche (Leihgabe).

Erwähnung verdienen aus dem Geschlecht kurfürstliche Räte wie Heinrich von Lindenau, ein Verfechter der Reformation, der den eng mit Luther verbundenen Georg Spalatin zum Freund hatte und 1524 eine Fluchtgefährtin Katharina von Boras (Luthers Frau) aus dem Nimbschener Kloster ehelichte. Oder der kursächsische Oberküchenmeister und Oberlandes-Fischmeister Wolf von Lindenau bzw. sein Sohn Gottfried Anselm von Lindenau, die das

ursprüngliche Renaissanceschloß bis um 1733 barock um- und ausbauen, u.a. einen dritten Flügel hinzufügen ließen; Kreuzgratgewölbe im Erdgeschoß, einige Fenster- und Türgewände der Zeit sowie ein auf 1566 datierter Türsturz blieben erhalten.

Oder jener sächsische Oberstallmeister Heinrich Gottlieb von Lindenau, dem der Park eine Grundlegung und der vordere Schloßflügel seinen Altan verdankt, und sein Sohn, Carl Heinrich August von Lindenau (1755–1842), der zum eigentlichen Schöpfer der berühmten Gartenanlage und zugleich zum letzten seines Geschlechts in Machern wurde. Wie sein Vater war er Oberstallmeister, doch am preußischen Hofe, wo er enge freimaurerische Beziehungen zum Adjutanten des Königs Friedrich Wilhelm II., zu Johann Rudolf von Bischoffswerder, unterhielt. Die neugotischen Fresken in der sogenannten Ritterstube (in Totalausmalung), dem kunsthistorischen Kleinod des Schlosses, künden vom freimaurerischen Geist dieses Reichsgrafen von Lindenau. 1802 hat er Schloß und Park Machern ganz aufgegeben und sein Gut Klein-Glienicke bei Potsdam bezogen.

Zuvor aber, in den letzten beiden Jahrzehnten des Jahrhunderts, schenkte jener Reichsgraf Carl Heinrich August von Lindenau dem Dorf Machern den Land-

schaftsgarten nach Wörlitzer Vorbild, die bedeutendste Anlage aus der »Zeit der Empfindsamkeit« in Sachsen und einer der frühesten Landschaftsgärten in Deutschland. Dabei konnte er 1782 an erste, von seinem Vater nach 1765 veranlaßte Gartenpartien anknüpfen, wußte aber eigene gestalterische Ideen und gartenkünstlerische Impulse einer Englandreise des Jahres 1792 umzusetzen. Das Teichsystem entlang dem Bachlauf der Gottschalke wurde zur natürlichen Leitlinie der großzügigen Parkanlage mit schönen Blickachsen über den Schwemmteich hin auf Schloß und Kirchturm, auf klassizistischen Hygieia-Tempel und »Gothische Brücke« sowie auf mehrere weiße Ufer-Statuen.

Schöpfer der sentimentalen Bauwerke und Plastiken für die einzelnen Stimmungsszenerien war der preußische Baurat Ephraim Wolfgang Glasewald (1753–1817). Auf seine Entwürfe gehen auch die Pyramide als Mausoleum der Familie von Lindenau sowie als sinnfällige Zeugen der Mittelalterverehrung die künstlichen Ruinen der Ritterburg und von »Wilhelmsruhe« zurück. Letztere, eine Steinbank vor einer

Felswand, ist eine Erinnerung an den Besuch des preußischen Königs 1792.

Die Ritterburg liegt auf dem höchsten Punkt des Gartens, im nordöstlichen Zipfel, und darf in ihrem Raumprogramm – von der Grotte durch einen unterirdischen Gang ins Innere des 26 m hohen Turmes bis hinauf zur Aussichtsplattform – wohl in freimaurerischem Verständnis als Weg des Erkenntnisstrebens »von der Nacht zum Licht« interpretiert werden.

Zu den botanischen Kostbarkeiten des Landschaftsgartens mit seinem Wechsel von Wiesen, waldartigen Partien, Teichen und Uferzonen zählen die Tulpenbaum- und Blutbuchenallee. Zwischen »Englischem Dreieck« und Schloß breiten sich heute Wiesen, wo einst der für die Wasserburganlage charakteristische Wallteich den herrschaftlichen Bau umzog; er fiel trocken, als mit dem Eisenbahndurchstich 1836 auch Wasseradern durchschnitten worden sind.

Als der vom Handelsgehilfen zum Leipziger Großkaufmann aufgestiegene Gottfried Wilhelm Dietrich Schnetger Gut Machern 1806 für 190 000 Taler kaufen konnte, fügte er dem Park noch den Agnestempel

hinzu, machte sich im folgenden aber vor allem um die 330 ha große Gutswirtschaft verdient. Das Gut blieb bis zur Bodenreform 1945 im Besitz der Familie, sein letzter Inhaber ist nach Internierung auf der Insel Rügen 1952 im Altersheim Wolftitz verstorben.

Vieles der gerühmten Anlage ging in der Folgezeit, manches auch schon vordem, durch Nachlässigkeit und Zerstörung verloren, so 1940 das Bauernhaus, 1945 die Schießwand, 1947 die Eremitage, schließlich 1981 durch Brand der Nordostflügel des Schlosses. Der wie auch einzelne Partien des Landschaftsgartens konnten ab 1986 Stück für Stück durch die neugegründete Parkdirektion zurückgewonnen werden. Zur weiteren Sanierung des in Sachsen einmaligen Gartenensembles gründete sich 1993 ein »Förderverein Schloß und Landschaftsgarten zu Machern«. Pyramide und Ritterburg konnten inzwischen restauriert wieder der Öffentlichkeit erschlossen werden. Das Schloß steuerte die Kommune zunächst durch die »Schloß Machern Betriebs- und Verwaltungsgesellschaft mbH«, heute durch die schon bei Gerichshain genannte Bildungs- und Kongreßzentrum GmbH des

Europäischen Bildungswerkes, bietet hierfür mit Kongreß- und Schulungszentrum, Standesamt, Schloßrestaurant und Galeriecafé zeitgemäße Nutzungen. – Nahe der Ritterburg ist das Gästehaus am Schloßpark, ein Hotel garni-Komplex, hinzugekommen.

Man sollte von Machern nicht scheiden, ohne einmal weiter nordöstlich gewandert oder geradelt zu sein, zu den Lübschützer Teichen und auf Püchau zu. Der Plagwitzer Weg führt westlich am 172 m hohen Sorgenberg mit dem Macherner Funkturm vorbei zum Neuen Fischteich. Auf dem Püchauer Weg oder unmittelbar östlich des Sorgenbergs durch den Tiergarten gelangt man zum Salweidenteich. Er war einst der oberste der im 18. Jahrhundert von den Püchauer Schloßherren angelegten Lübschützer Mühl- und Fischteiche. Treppenartig ist der vom Tresenwald in die Muldenaue abfließende Seebach bis hinein nach **Lübschütz** künstlich aufgestaut worden. Am Salweiden- und Galgenteich sind Camper und Naherholer zu Hause, bieten sich Bade- und Rudermöglichkeiten. Seit den 1920er Jahren gab es hier schon eine Zelt- und Wochenendkolonie Leipziger Arbeiter. Den als »Spartacus«- und »ASSO«-Künstler angetretenen Leipziger Maler Alfred Frank hat es auch mehrfach, zuletzt konspirativ, hierher geführt (Gedenkstein an der Waldgartensiedlung).

Eine Stätte jüngsten Gedenkens in dem 5,2 ha großen parkähnlichen Gelände an den Lübschützer Teichen ist der zwischen 1968 und 1972 in eine alte Kiesgrube getriebene Führungsbunker des Leipziger Ministeriums für Staatssicherheit (MfS), ein sogenannter Ausweichsbunker im »Ernstfall«.

Der unterste der Lübschützer Teiche ist der Dorfteich von Lübschütz, einem durch den Merseburger Bischof und Chronisten Thietmar früh bezeugten Ort: »Liubizici« soll im Jahre 1004 Sterbestätte des Merseburger Grafen Esiko, Grundherr von Püchau, gewesen sein. Lübschütz ist wie das westlich gelegene Plagwitz und der Rundweiler Dögnitz in der Muldenaue nach Machern eingemeindet.

An den Lübschützer Teichen, hier der Salweideteich

Ebenso **Püchau,** das nach Thietmars Chronik gar noch acht oder neun Jahrzehnte älter (»urbs Bichni«, zu 924 oder um 910) und damit der am frühesten erwähnte deutsche Ort in Sachsen wäre. Püchau soll damals für den jungen Stammesherzog der Sachsen (oder schon deutschen König) Heinrich I. Zufluchtsort nach abermaliger Niederlage gegen die seit der Jahrhundertwende nahezu alljährlich in ostfränkische Gebiete, vor allem nach Sachsen, einfallenden Reiterscharen der Ungarn gewesen sein. Der spätere Burgwardsitz im Schloßgelände liegt unweit des Muldenübergangs (später einer Fährfahrt) bei Canitz.

Einen mehrjährigen Waffenstillstand mit den Ungarn nutzte Heinrich I. zum Burgenausbau und zur Besetzung dieser Burgen mit »agrarii milites« – Burgmännern, die Wachdienste leisteten, auch selbst Land bebauten und Proviantlager in den Burgen unterhielten. Sie gaben den Grundstock für eine Panzerreiterei

Blick auf Schloß und Kirche Püchau

ab, die bereits in den königlichen Slawenfeldzügen 928/929 gegen die Daleminzier der Burg Gana beim Vorstoß zum Burgberg Meißen eingesetzt wurde. In den bis dahin slawischen Gebieten erhielten sie neues Königsland, womit sie dort erste Träger der frühfeudalen deutschen Macht wurden.

Ein Jahrhundert später, im Jahre 1040, hat Kaiser Heinrich III. die Püchauer Burg mit allem Zubehör den Meißner Bischöfen geschenkt, die den wichtigen Platz dem entstehenden Wurzener Stiftsterritorium eingliederten. Nach Otto Eduard Schmidt in »Kursächsische Streifzüge« war Püchau einst *»der Scheitelpunkt, wo die Sprengel der drei Bistümer Meißen, Merseburg und Magdeburg zusammenstießen«*.

Vom Renaissancebau des Schlosses aus der Herrschaftszeit derer von Ende (1533–1637) haben sich nur die sogenannte Heinrichsburg und mit der 1564 gemauerten Backsteinbrücke zum Kirchberg hinüber ein beachtliches technisches Denkmal erhalten. Dieser Zeit gehören auch die mächtige Pfarre mit dem Sitznischenportal (inschriftlich 1595, mit Wappen derer von Ende) und dem schönen heutigen Laubengang sowie in der 1869 neuerbauten Dorf-(Peters-)kirche die Luther- und Melanchthonbildnisse aus der Werkstatt von Lucas Cranach d.J. an.

Das große schriftsässige Rittergut des hier 1667 ansässig gewordenen Geschlechts der Grafen von Bünau gelangte nach dem Tode des letzten, kinderlosen Grafen Heinrich von Bünau (1768, Grabdenkmal an der Friedhofskapelle) über seine Frau, eine Freiin von Hohenthal, in den Besitz der Familie von Hohenthal. Dieses 1790 in den Reichsgrafenstand erhobene, auch auf dem Hohenprießnitzer Muldenschloß herrschende Geschlecht geht auf den Leipziger Kaufmann und Seidengroßhändler Peter Hohmann zurück, der Anfang des 18. Jahrhunderts eine Reihe von Adelssitzen im Leipziger Umland aufkau-

fen konnte. Einer seiner Nachkommen, Peter Friedrich Graf von Hohenthal, bestimmte das Schloß zum Sitz des von ihm 1807 testamentarisch begründeten Familienfideikommisses Püchau, von dem aus 14 Rittergüter im sächsisch-thüringischen Raum verwaltet wurden. Um 1900 verfügten die hier bis 1945 sitzenden Grafen von Hohenthal-Püchau über den nach dem wettinischen Königshaus und den schönburgischen Grafen größten Grundbesitz in Sachsen.

Der die Linie derer von Hohenthal-Püchau begründende Carl Friedrich Anton Graf von Hohenthal ließ das Schloß vor der Mitte des 19. Jahrhunderts nach englischem Vorbild erneuern und unterhalb des Schloßberges einen älteren französischen Lustgarten zu einem großzügigen englischen Landschaftspark auf der Auenterrasse umwandeln. Dem nationalen Zeitgeist folgend, griff er auf Püchaus früheste Anfänge zurück und schmückte 1849 den Treppenturm im Schloßhof mit einer Statue König Heinrichs I. und einer Inschrifttafel.

Unter seinem Sohn Carl Julius Leopold wurde der Parkdamm gegen die ständigen Muldenhochwasser angelegt und das Schloß 1874/75 durch den Leipziger

Pfarrhaus Püchau in Renaissanceformen

Architekten Constantin Lipsius neugotisch umgebaut und erweitert, mit wehrhafter Schaufassade des Westflügels, Erkertürmen und Zinnenkranz. Auch wenn der auf Wehrhaftigkeit zielende Eindruck des Schloßumbaus nach der Windhose von 1912 durch ein vereinheitlichendes Satteldach wieder etwas verloren ging, zählt Püchau noch immer als bedeutendster Schloßbau des Historismus im Leipziger Land.

Die Schloßanlage ist ab 1947 als Alters- und Pflegeheim für fast ein halbes Jahrhundert genutzt worden. Die untere Schloßbergbebauung mit dem Alten Gasthof, wie sie noch die voranstehende Zeichnung aus der Mitte der 1980er Jahre zeigt, ist leider abgerissen worden, die Holzpumpe steht noch.

Am Püchauer Dorfteich

Östlich und nördlich von Püchau liegen naturbelassene Partien der Muldenaue bis zum Kollauer Wehr, wo es in die Groitzscher Aue übergeht und damit ins Eilenburgische, früher Preußische. Zur Strommulde hin finden sich eine Menge toter Muldenarme, nun verlandende Altwasser wie Kroatenloch, Schusterbusch, Totes Männchen mit z.T. ganz eigener Tier- und Pflanzenwelt. Die erst in historischer Zeit abgeschnittenen Flußschlingen lassen vorstellbar werden, daß der Burgplatz Püchau einmal viel dichter über der Mulde gelegen hat. Via Canitz, in die Leipziger Wasserdörfer, wohin es einst eine Kahnfähre gab, gelangt man über eine Rohrleitungsbrücke für Muldenwasser.

Hier am nördlichsten Punkt unseres ersten Ausflugs, wo wir auf den Muldental-Radwanderweg mit seinem Burgensymbol treffen, scheiden wir von dem Macherner Raum, um uns aus Leipzig erneut, doch südlicher, ostwärts zu wenden.

NACH BEUCHA UND BRANDIS

Über Zweinaundorf – Baalsdorf – Hirschfeld – Kleinpösna – Wolfshain

Leipzigs gleichnamige Ausfallstraße nach Zweinaundorf bringt Radfahrer auf kürzestem Überlandweg nach Beucha/Brandis. Spätestens die Brandiser Straße ausgangs Baalsdorf zeigt dies an. Schon die Gartensiedlungen entlang der Zweinaundorfer und Baalsdorfer Straße bieten Ausflüglern eine gute Lunge, auch wenn nun Wohnstandorte entlang der schönen Platanenreihe das offene Feld-/Wiesengelände zunehmend verdrängen.

Zweinaundorf (oder Mölkau-Süd) ist historisch aus einer Doppelsiedlung hervorgegangen: aus den 1335 erstmals erwähnten, südlich bzw. nördlich des Dorfangers liegenden Dörfern »Gotschalges-Nuwendorf«, dem sogenannten Oberdorf, einem slawischen Rundling, und »Kellners- (oder »Schumanz-«) Nuwendorf«, dem Unterdorf, einem deutschen Sackgassendorf mit Pflugkschem Lehngut. Dieses war immer in der Hand Leipziger Patrizier, Bürgermeister, Gelehrter wie den Lintachers, Scipios, Schubarths, Hommels, Moltrechts, Kelbes.

Die Hirschgruppe (1875), die in den frühen 1980er Jahren zwischen Kirche, Dorfteich und Gasthof Aufstellung gefunden hat, stand einst westlich des 1813 niedergebrannten, 1869 neuerrichteten Herrenhauses. Dorthin und zu den jüngst rekonstruierten Gutsgebäuden (Am Wäldchen, Ökologisches Stadtgut von Leipzig) sowie in den Englischen Park in der Aue der östlichen Rietzschke, deren Renaturierung betrieben wird, lenken wir die Schritte. – Auch das Fotomuseum in der Gottschalkstraße lohnt den Besuch.

Am Entscheidungstag der Völkerschlacht war das Zweinaundorfer Gelände lange hart umkämpft. Erst nach Mehrfachsturm auf Unter-Zweinaundorf gelang es den von General Levin August von Bennigsen befehligten russischen und österreichischen Regimentern, die hier verschanzten Franzosen am späten Nachmittag des 18. Oktobers 1813 auf Stötteritz hin abzudrängen, am Abend dann auch das Oberdorf einzunehmen und so Napoleons Stellung in Probstheida zu erschüttern. Herrenhaus und Rittergut, viele Bauerngüter und Häuser wurden damals gänzlich in Asche gelegt.

Fast nahtlos geht Zweinaundorf, das um 1930 als *»der idyllische und gesündeste Vorort im Osten Leipzigs, die werdende Gartenstadt des Ostens«* gepriesen wurde, in die Gartensiedlung von **Baalsdorf** über. Dann folgt der alte Ortskern, der Baalsdorfer Anger, wie man ihn von Luftbildern kennt: mit Dorf- und Löschteich, Kunstschmiede, Gasthaus und spätromanischer Chorturmkirche. Noch immer läßt es sich gut ausmachen, dieses geradezu klassische Ensemble der kolonisationszeitlichen Siedlungsgeschichte. Dreiseitgehöfte an der Haupt- und Seitenstraße zählen dazu, u.a. der Linke-Hof (Hauptstr. 6) als eines der nach der Wende entstandenen ökologischen Ernährungs- und Landbauprojekte im Osten Leipzigs. 1213 ist Baalsdorf in einer markgräflichen Schenkung an das Leipziger Thomaskloster als »Balduwinesdorp« (Dorf eines Balduwin) erstgenannt worden.

Ausgangs Baalsdorf halten wir uns links, vorbei am neuen Gewerbegebiet an der Hebemärchte, das auch traditionelle Leipziger graphische Betriebe wie die Druckerei Gebr. Klingenberg Buchkunst und die Kunst- und Verlagsbuchbinderei Leipzig besetzen. Auf der Brandiser Straße gelangen wir schnurgerade – links und rechts Felder – über die Autobahnbrücke und den Zauchgraben hinweg zur Straßenspinne bei Hirschfeld. Dort treffen sich die Überlandwege von Baalsdorf, Althen, Zweenfurth, Wolfshain und Kleinpösna. Eingedenk der vorangegangenen Route über Althen ist anzufügen, daß ein Abzweig auf Hirschfeld zu auch von der Engelsdorfer Kirche südöstlich möglich ist und vor der Autobahnbrücke die von Baalsdorf kommende Straße erreicht.

Rechte Seite:
Dorfkirche Hirschfeld
Gehöft mit Taubenhaus in Hirschfeld

Die Baalsdorfer Kirche auf dem Anger

Hirschfeld, dessen spätromanische Chorturmkirche mit rotem Dach entgegenleuchtet, ist zusammen mit Baalsdorf 1543 durch Herzog Moritz' landesherrliche Schenkung von säkularisiertem Klosterbesitz an den Leipziger Rat gekommen. Allerdings nur für ein Jahrhundert, denn 1641 mußte die in schwere Finanznöte geratene Stadt beide Dörfer an den Reichspfennigmeister Johann von Ponickau auf Pomßen verkaufen. Die Gehöfte Nr. 16/17 weisen noch schönes Fachwerk und ein freistehendes Taubenhaus auf.

Südlich der Autobahn liegt **Kleinpösna**, das spätestens seit dem Kiesgrubenaufschluß der 80er Jahre den Leipzigern als »wildes« Badeziel bekannt geworden ist – jüngst erneut als östlicher Zielpunkt der den Autobahnring um Leipzig schließenden Südtangente (A 38), ein ins nächste Jahrtausend weisendes Projekt. Kleinpösna läßt sich von Baalsdorf auch direkt, ebenso von Holzhausen her, bzw. über die Autobahnabfahrt von Leipzig aus schnell erreichen. Wo alte Landkarten östlich von Kleinpösna die sogenannte Zauche (Naßböden) vermerken, erstreckt sich heute der See, bereits mit auf Wolfshainer Flur, bis an die von Threna kommende Threne heran. Auch nördlich der Autobahn ist bei Hirschfeld ein Kieswerk und Neuaufschluß hinzugekommen.

Der alte Landweg um die Spitze des Kleinpösnaer Sees auf Albrechtshain zu ist verblichen und Radfahrern nicht mehr zu empfehlen, um so Beucha/Brandis bzw. Naunhof anzusteuern. Der Rückweg über die Autobahnbrücke nach Hirschfeld ist anzuraten, damit wieder die Einbindung in unsere über Wolfshain auf Beucha/Brandis zulaufende Tour.

Zu Kleinpösna bleibt nachzutragen, daß es 1295 (»capelle in Pessene«) zusammen mit der Seifertshainer Kirche beurkundet worden ist. Ab dem 14. Jahrhundert wird es in Unterscheidung zu Großpösna mit dem Zusatz »Weynigen«, »Parva«, »Cleyner«, »Minor«, »Clein« versehen. Bis ins 19. Jahrhundert war es eines der fünf neuen Leipziger Universitätsdörfer – *»dero Hochwohllöblicher Universität untertäniges Dorf«*. Die

Alma mater Lipsiensis bestallte Gerichtsknecht, Förster, Jäger und Registrator zur Verwaltung der Dörfer wie des Oberholzes, hielt in ihnen bis zum Jahre 1753 unter Vorsitz des Rektors sogenannte Jahr- oder Rügegerichte ab, in denen alle vorgefallenen Verstöße und Dorfstreitigkeiten zur gemeinschaftlichen Verhandlung kamen und in aufwendigen Jahrgerichts-Essen ausklangen.

Hinter Hirschfeld schlängelt sich die Straße wieder durch Felder auf **Wolfshain** zu, quert vorab Ochsengraben und Threne. Der Ort ist seit 1529 nach Beucha eingepfarrt, seit 1938 auch dorthin eingemeindet. Die bis ins 19. Jahrhundert fehlende Parthenbrücke hat die Verbindung nach Beucha allerdings oft beschwerlich, zu Hochwasserzeiten unmöglich gemacht. Dies mag auch der Grund für den Kirchgang nach Hirschfeld in vorreformatorischer Zeit gewesen sein.

Wolfshain ist ein reines Bauerndorf geblieben, mit jahrhundertelanger Konstanz der 16 Hofstellen und ebensoviel Hufen Land. Noch gibt der Dorfring mit seiner Bebauung durch Dreiseitgehöfte und dem auf dem Anger gelegenen alten Fachwerk-Gasthof schön das rundlingsartige Angerdorf wieder, das in der nun schon mehrfach genannten stiftsmerseburgischen Urkunde von 1270 als »Wolueshain« miterwähnt wird. Wie bei den sonstigen *-hain*-Orten im südöstlich von Leipzig auf einstigem Waldboden liegenden Kolonisationsgebiet des 12./13. Jahrhunderts folgte auch hier die Ortsnamenbildung dem Personennamen des Lokators (Siedlung eines Wolf im Hagen).

Von 1389 bis zur Reformation gehörte das Dorf dem Leipziger Thomaskloster, das ausgangs des 14. Jahrhunderts im Osten Leipzigs ganze Dorfreihen hinzuerwarb (Mölkau, Holzhausen, Zuckelhausen, Zweenfurth, Sommerfeld) und so größter feudaler Grundherr in Leipzigs Umkreis wurde. Nach Aufhebung des Thomasklosters hat der albertinische Landesherr Herzog Moritz von Sachsen im Jahre 1544 Wolfshain zusammen mit Holzhausen, Zuckelhausen, Kleinpösna, Zweenfurth und der Waldung Oberholz der neu auszustattenden Leipziger Universität übereignet, in deren Besitz und Verwaltung das Parthendorf bis zur Mitte des 19. Jahrhunderts geblieben ist.

Das einstige Schulzengut des Angerdorfes wechselte seit der 1. Hälfte des 18. Jahrhunderts mehrfach Leipziger Besitzer, so vom Kommerzienrat Zedler an den Verlagsgründer und Drucker Bernhard Christoph Breitkopf. Seit 1906 gehörte es der Riebeck-Brauerei, die hier ihre ausgedienten Pferde unterbrachte – eine Tradition, an die in anderer Weise heute wieder ein Pferdehof anknüpft.

Von Hirschfeld kommend, zweigt gleich nach dem Ortseingang eine Straße rechts ab, die an den Parthewiesen entlang über die Autobahn hinweg geradewegs nach Albrechtshain führt. Dort kann man links auf den Autobahnsee zu halten, den sich der inzwischen nach Naunhof eingemeindete Ort zusammen mit Beucha teilt. Schöner für Radfahrer ist ein noch vor der Autobahnüberbrückung links abzweigender Weg zum Zeltplatz und Autobahnsee hin.

Wir aber folgen der Ortsdurchfahrt Wolfshain über die Parthen- und Mühlgrabenbrücke das kurze Straßenstück hinein nach Beucha.

Blick aus der Parthenflur zwischen Wolfshain und Albrechtshain auf die Beuchaer Bergkirche

Beuchaer Geschichten

Wer auf der Landstraße von Hirschfeld-Wolfshain her oder von Borsdorf-Zweenfurth aus – vorbei an der »Residenz im Park«, der nach der Wende in Leipzigs Umfeld zuerst entstandenen, wenig ortsangepaßten Wohnsiedlung – nach **Beucha** kommt, eine Gemeinde mit ca. 3 000 Einwohnern, durchmißt dazwischen den alten Ortskern des 1378 beurkundeten Straßendorfes »Bichow«. Entlang dieser heutigen Dorfstraße hatten 7 Pferdner und 21 Gärtner, von denen nach der Mitte des 16. Jahrhunderts die Rede ist, ihre Anwesen. Der kleine Anger am Gasthof »Zur Krone« gibt den Blick hinauf zum Kirchberg frei, Rotdornbäume säumen den Anstieg, und Linden umstehen den schönen Tordurchgang des Wasserturmes. Gleich einem Wächter steht er dort, inzwischen selbst Denkmal unterhalb der Bergkirche, zur Rechten das Kirchgemeindehaus, linkerhand das Pfarrhaus.

Zwei der Linden sollen ins Jahr 1648 zurückreichen, als die durch dreißigjähriges Kriegsgeschehen friedenssüchtigen Gemeinden Beucha, Kleinsteinberg und Wolfshain so neuen Lebenswillen pflanzten. Ein Symbol, das nun in unsere Tage ragt wie das Kriegerdenkmal für die Gefallenen von 1914–18 an der Rückseite der Bergkirche. Von den einst 28 »besessenen Mann« in Beucha tauchen im Schocksteuerregister des Jahres 1671 nur noch fünf dieser Namen auf. Die Kriegsfurie hatte die übrigen unter die Erde oder um ihre Höfe gebracht, hier wie anderswo ein geschichtlich beispielloser Einschnitt in die bäuerliche Generationenfolge und dörfliche Sozialstruktur.

Zur Bergkirche gelangen wir durch den Tortunnel des Wasserturms, der in den Jahren 1911/13 nach ausführlicher Denkmalsdebatte mit Genehmigung des kurz zuvor gegründeten Landesvereins Sächsischer Heimatschutz am Hang des Kirchberges erbaut worden ist. Kirche und Wasserturm sind seither zu einem festen Blickensemble verschmolzen, eine der wenigen Landmarken der Leipziger Tieflandsbucht.

Die Schäden der letzten Jahrzehnte sind leidlich überwunden, die Haube des Wasserturms ist neu eingedeckt, ebenso sind das Kirchendach und die vom Schwamm befallene Decke des Schiffes erneuert. Das seit Ostern 1989 wegen Baufälligkeit gesperrte Gotteshaus sieht wieder seiner Eröffnung entgegen, ein Förderverein Bergkirche zu Beucha hat sich der Kirchgemeinde 1991 zur Seite gestellt.

Der alte Friedhof um die Kirche herum ruht seit den 1920er Jahren. Es war ohnehin sehr beschwerlich, hier in die Erde zu gelangen. Nicht wenige der Grabkammern mußten in den Fels gesprengt werden. Granitporphyr steht an, an dessen künstlicher Kante einem schwindlig werden kann. Der Blick über die umlaufende Mauer stürzt jäh die schroffen Steinwände hinab ins Wasser des erst Ende der 1950er Jahre aufgelassenen Kirchbruchs. Seit 1477 sind hier nachweislich Steine gebrochen worden, so für das 1480 fertiggestellte Leipziger »Gewandhaus«, an dessen Stelle sich seit einem Jahrhundert das Städtische Kaufhaus, der Welt erster Mustermessepalast, erhebt. Bauernwagen haben die Steine seinerzeit nach Leipzig gekarrt – 30 Groschen für 22 Fuder Steine.

Hinauf zum Kirchberg

Über die Jahrhunderte hin ist es im ganzen ein bescheidener Steinabbau geblieben, in kleinen bäuerlichen Parzellen betrieben. Eine gewisse Belebung hat da erst der Chausseebau zu Anfang des 19. Jahrhunderts gebracht. Doch Beuchaer Granit ließ sich für Pflastersteine nach damaligem Urteil weniger gut behauen und bossieren als etwa Dornreichenbacher oder Graßdorfer Stein nahe Taucha. Der Beuchaer Granit sei »*so hart und dicht, daß ohne Pulver gar nichts losgearbeitet werden kann. Um eine Rute Stein zu brechen (3.50 x 0.75 m), werden im Durchschnitt 5–6 Pfund Pulver verbraucht*«, heißt es in »Sachsens Kirchen-Galerie« Mitte des vorigen Jahrhunderts.

Der Beuchaer Kirchberg von Osten

Gleichwohl hat sich der Steinbruch bis ins 19. Jahrhundert weit an die alte Kirche herangearbeitet und sogar ihren Abbruch Anfang der 40er Jahre erörtern lassen. Doch die Kirche wurde behauptet und 1848 mit vergrößertem Schiff erneuert. Im Osten steht der im Kern romanische Turm, dessen Unterbau und der Chor kreuzgratgewölbt sind. Das Gotteshaus auf der hohen Felsenkanzel, hufeisenförmig von Wasser umschlossen, ist ein imposanter Anblick. Archäologische Forschungen der 1920er Jahre meldeten Reste eines spätslawischen Abschnittswalles auf dem Kirchberg. Sie sind durch weitere Steinbruch- und Friedhofsnutzung nicht mehr auszumachen, doch glaubhaft. Denn die Bergkirche zählt neben der Panitzscher und der Theklaer Kirche zu den drei »Hohepriestern« des Leipziger Landes, und ein solch exponierter Platz in Gewässer-(Parthe-)nähe dürfte in dem waldreichen Gau Chutici zwischen Saale und Mulde früh menschlicher Siedlung erschlossen worden sein.

Der Blick vom Kirchberg schweift in der verlängerten Kirchenachse auf jenseitiges Grün, in dem sich eine der vielen Beuchaer Urlauberkolonien versteckt. Die hier anrainenden »Wahlbeuchaer«, meist Leipziger Familien, ebenso die Dorfkinder, tummeln sich hochsommerlich im Wasser des malerischen Kirchbruchs, in strengen Wintern auch Schlittschuh laufend auf der Eisfläche. Die Aussicht zur Linken reicht nördlich bis zu den Endmoränenzügen zwischen Machern und Taucha. Wir stehen hier 147 m über NN.

Zur Rechten stößt das Auge auf die Hausrückfronten am Felsen, über den Kirchbruch hinweg auf das Band der August-Bebel-Straße, dahinter läßt sich angesichts der Türme der Kranbahn das gähnende Loch des zuletzt tätigen Steinbruchs, der »Sorge«, erahnen. Vergangenheit und Gegenwart des Beuchaer Steinabbaus haben sich am jenseitigen Rand des Kirchbruchs, gegenüber der Konsumkaufhalle, zwei Denkmale gesetzt: ein mehr allgemeines an den alten Aufzugspfeilern des Kirchbruchs, eine Wandkollektion von im hiesigen Natursteinwerk verarbeiteten Hartgesteinen, und ein besonderes, ein Steinarbeiterdenkmal, das seit 1984 an die 100jährige Steinmetztradition in Beucha-Kleinsteinberg erinnert.

Wen Geschichtlich-Biografisches anrührt, der mag vor Verlassen des Kirchberges noch die alte Grabstätte Martin Eduard Stephanis suchen. 1885 hat ihm hier der Thomanerchor letztes musikalisches Geleit gegeben und der Rektor der Leipziger Universität die Grabrede gehalten. Immerhin, Stephani war ein Jahrzehnt Vizebürgermeister in Leipzig – der Stephaniplatz erinnert daran –, seit 1842 dort Advokat, ein führender Nationalliberaler in der Zweiten Kammer des Sächsischen Landtages sowie im Norddeutschen und im späteren Deutschen Reichstag. Im Beuchaer Pfarrhaus ist er 1817 geboren worden. Sein Großvater Friedrich Gottlob Stephani hat hier von 1787 bis 1811 seelsorgerisch gewirkt, sein Vater Eduard Stephani anschließend gar 45 Jahre bis ins hohe Alter. Er war es, dem der Ort umfängliche Chronikseiten und die Darstellung in »Sachsens Kirchen-Galerie« verdankt. Sein erstgeborener Sohn Ludolf Stephani hat sich in St. Petersburg als Archäologe, Akademieprofessor und Staatsrat einen Namen gemacht. Die blutjunge Pfarrfrau Emilie Stephani, geborene Wunder, Schwester des Rektors der Grimmaer Fürstenschule, ist 20jährig nach der Geburt von Martin Eduard 1817 im Pfarrhaus verstorben. Drei Jahre nur mit drei Geburten sind ihr dort beschieden gewesen. An die Stelle des alten Pfarrhauses trat 1875/76 der heutige Bau.

Laut Evangelischem Kirchen-Gesangsbuch wohl auch im hiesigen Pfarrhaus geboren ist Jahrhunderte zuvor (1554) Zachäus Faber, einer der sächsischen Kirchenliederdichter. Er wirkte als Pfarrer im Torgau/Eilenburger sowie im Grimmaer Raum und ist 1628 im Hohenleinaer Pfarrgut bei Krostitz verstorben. Sein Liedtext »Fröhlich wir nun fangen an« zählt zu den Bekenntnisliedern der Zeit der Gegenreformation.

Den Kirchberg hinab, am Mauersockel der Anfang März 1945 durch anglo-amerikanische Fliegerbomben zerstörten Schule entlang, kommen wir links hinunter auf die August-Bebel-Straße. Sie läuft vom alten Dorfkern auf den Bahnhof zu, an den Stein-Denkmalen und einer Katholischen Kapelle vorbei, die 1912 eingeweiht worden ist Heute ist die St. Ludwigskapelle die einzige katholische Dorfkirche im Kreis. Stifter war der Bayernkönig, der seinen nach Beucha zuziehenden Landsleuten – Steinmetzen und Bossierern – wie auch zuströmenden *»billig arbeitenden Polen und Italienern«* das Gotteshaus schenkte. Im Ort war das »Steinfieber« ausgebrochen, spätestens seit dem Bau des Leipziger Völkerschlachtdenkmals.

Vier Jahrzehnte zuvor schon hatte Martin Eduard Stephani von Leipzig her für den Ruf nach Beuchaer

Granitporphyr gewirkt, er hat »den Stein losgetreten« und eine industrielle Fertigung eingeleitet. An die Stelle vieler kleiner bäuerlicher Bruchlöcher traten seit den 1870er Jahren größere rentable Betriebe, hier wie im nahen Kleinsteinberg. Eine Handvoll Steinbrüche in und um Beucha zeugt heute davon wie auch die offene Siedlungsstruktur der beiden Orte, die sich deutlich vom Bauerndorf Wolfshain unterscheiden – nicht zuletzt auch dank ihrer Bahnanschlüsse.

Am 14. August 1865 erfolgte der erste Spatenstich für den Bau der in Borsdorf abzweigenden Leipziger Eisenbahnstrecke nach Döbeln, Meißen, Dresden. Als erstes Teilstück wurde neun Monate später die Bahnlinie bis zum Oberen Bahnhof Grimma, nach weiteren 17 Monaten der Beuchaer Bahnhof (1867) für den öffentlichen Personen- und Güterverkehr freigegeben. Der Bahnhof hieß bis 1898 »Beucha-Brandis«, was den Brandisern kaum Trost gewesen ist für den vor drei Jahrzehnten verfehlten Anschluß an die erste deutsche Ferneisenbahn von Leipzig nach Dresden. Damals hatte sich die Rittergutsherrschaft Brandis einer Trassenführung durch ihre Feldfluren verweigert. Ende 1898 waren dann die Brandiser glücklich, als eine Sekundärbahn von Beucha nach Ammelshain und Altenhain ihre Stadt, deren Steinbrüche, Ziegeleien und Tonwarenfabriken erreichte. Scharf knickt die Nebenstrecke in Kleinsteinberg nordöstlich ab und hat dort seit 1901 einen Haltepunkt (Beucha-Ost).

Die »Steinbruchsbahn« stieß bis 1911 an die Mulde vor. Außer den anliegenden Steinbruchbetrieben bestimmten die Trebsener Papier- und Zellulosefabrik sowie das Brandiser Silikatwerk maßgeblich das Verkehrsaufkommen. Anläßlich ihres 25jährigen Bestehens 1936 ist die Beucha-Trebsener Bahn als die ertragreichste Strecke ganz Sachsens gefeiert worden. Auch Ausflugswilligen war sie ein lohnendes Ziel, wie Bittschriften der Jahrhundertwende für einen hier einzurichtenden Personenverkehr dem »Hohen Königlichen Finanzministerium zu Dresden« vortrugen: *»Die an der Bahnlinie Brandis-Seelingstädt liegende*

Blick über den Albrechtshainer Autobahnsee auf Beucha

Gegend ist reich an Naturschönheiten aller Art, an großen, ausgedehnten Waldungen, an Bergen und Aussichtspunkten und ist dieselbe gegenwärtig ein beliebter Ausflugsort für die Bewohner Leipzigs.« Die Fahrt mit dem liebevoll »Sandmännchen« genannten Triebwagen lohnt noch immer, doch wird der Personenverkehr bis Brandis verkürzt.

Beuchas Bahnhof ist noch Bauzeuge des Eisenbahnanbruchs, weshalb er für die DEFA geeignete Kulisse zu den 1982er Dreharbeiten am Spielfilm »Das Luftschiff« war. Wenn man von seinem Vorplatz mit dem ehemaligen »Feldschlößchen« die Albert-Kuntz-Straße nach Kleinsteinberg parallel zum Gleiskörper läuft, taucht da eine hochgelegene Feldbahnverladeanlage auf. Zum kostengünstigen Transport aus allen sieben Steinbrüchen um Beucha hat es ein umfängliches Feldbahnnetz gegeben, das sich die Steinbruchunternehmen seit um 1900 zur Eisenbahnhauptstrekke hin schufen, u.a. auch entlang der Kleinsteinberger Straße vom Kohlenberg-Westbruch her. Der Verladeanlage schräg gegenüber erinnert eine Schmalspur-Werkbahnlok an den während der letzten Jahrzehnte aus der »Sorge« in die Werksteinhalle des Natursteinbetriebes gezogenen Granitporphyr.

Für das Jahrzehnt bis zum ersten Weltkrieg kann ein etwa 400köpfiger Facharbeiterstamm in den hiesigen Steinbrüchen angenommen werden. Allein der Bau des Völkerschlachtdenkmals benötigte 26 500 Granitwerkstücke, die alle in Beucha und deren größte, bis zu 350 Zentner schwer, im Kirchbruch und im Steinbruch »Sorge« gebrochen und kunstgerecht behauen worden sind. Der Beuchaer Pyroxengranitporphyr sondert anders als der stark klüftige, nur zur Schotter- und Splitterzeugung geeignete Pyroxenquarzporphyr grobbankig ab, was für große Werkstücke günstig ist. Auch die Krieger der Freiheitswacht vor der Kuppel des wuchtigen Leipziger Denkmals wurden in der »Sorge« gefertigt, eine der über 12 m hohen Figuren gar im Steinbruch zusammengesetzt.

Bei der alten Mühle hinter dem Steinbruch »Sorge« erhebt sich ein langer Erdhügel als Schall- und Staubmauer gegen die Gesteinszerkleinerung vor Ort. Dort sind wir schon unterwegs nach »Piependorf«, ein paar Häusern kurz vor Kleinsteinberg, zu denen in den 80er Jahren Schule, Kindertagesstätten und Neubaublöcke hinzugekommen sind. Zur Rechten liegen in viel Gartengrün die älteren Siedlungen Süd I und II, dahinter an der Viehweide neue Wohnstandorte wie »An der Parthenaue« und der Hotelneubau »Seerose«.

Hochsommers laufen hier alle Wege auf den Autobahnsee zu. Zur Kiesgewinnung für den Autobahnbau ab 1936 entstanden, ist der See seit vielen Jahren eine Bade- und Campingoase mit Ausleihe von Ruderbooten und Wassertretern sowie Strandgaststätte. Für Radfahrer, Wanderer wie Spaziergänger ist eine Runde um die 18 ha große Wasserfläche, hinüber zum Wald und Zeltplatz, zu empfehlen, ebenso der kurze Abstecher zum »Hausbruch«. Bei ihm handelt es sich um einen Quarzporphyrsteinbruch zwischen Autobahnsee und Bahnlinie, in dem einst Schottermaterial abgebaut worden ist. Auch er hat seine Badefans und geologisch gar Denkmalgeschütztes auf der Porphyroberfläche der Ostwand, nämlich Spuren eiszeitlicher Gletscherschliffe in dem pyroxenreichen, fast schwarz gefärbten Gestein. Am Boden des mächtigen Gletschereises wurden Gesteine bewegt, die in den felsigen Untergrund solche Spuren schrammten.

Kehren wir zur Kleinsteinberger Straße zurück, stoßen wir auf das 1350 erwähnte, 1557 der Pomßener Grundherrschaft unterworfene, 1938 nach Beucha eingemeindete **Kleinsteinberg**. Das einstige Anger- oder Breitgassendorf wird durch die nach Naunhof führende Eisenbahnstrecke zerschnitten. Am ehemaligen »Herrenhaus« des Steinbruchbesitzers Preißer mündet die Straße vom Beuchaer Bahnhof her ein. An der Schranke läuft rechts entlang dem Gleiskörper ein schmaler Radweg bis zur nächsten Eisenbahnschranke an der Albrechtshainer Straße. Wir aber bleiben auf der Dorfstraße bis zum »Ochsen«, wie der Gasthof Kleinsteinberg vertraut von Einheimischen genannt wird. Radfahrer steigen gern ab, und Wanderer kehren ein, pausieren dort an den Tischen im Freien unterm Blätterdach.

Hier gabelt sich der Weg, wir folgen der Straßenkurve rechts die kleine Steigung hinan. Am Dorfende tun sich Wiesen auf, der Blick öffnet sich sanft abwärts bzw. würde – rechts die Böschung erklommen – wieder in einen seit den 60er Jahren vollgelaufenen Steinbruch, den sogenannten Spittelbruch, stürzen. Wieviele dieser eindrucksvollen Krater Beucha besitzt und welch banale Gewöhnung daran einziehen kann, hat hier manch abgestürzter Sperrmüll gezeigt. Die Naunhofer Straße führt hinunter nach Albrechtshain, am Autobahnsee vorbei – eine schöne Wanderung sowie Radtour hin zur Parthe, der Lebensader unseres Ausflugsgebietes. Wir kommen bei der Fahrt nach Naunhof über Albrechtshain darauf zurück.

Auf der Anhöhe beim Kleinsteinberger Ortsausgang zweigt links der Moritz-Nebe-Weg ab. Zu ersten Siedlungshäusern des Wiesenweges aus den 30er Jahren ist eine Wochenendkolonie an der Autobahnbrücke über die Naunhofer Bahnstrecke gekommen. Die etwas versteckt liegende Waldwegsiedlung stammt von um 1900, als Leipziger Betuchte hier billiges, weil versumpftes Land aufkauften, sich parkartig gestalten und Sommerhäuser errichten ließen. »Der Starenhof« z.B. war bis 1939 Domizil des rumänischen Konsuls.

Die Wasserabsenkung durch die Naunhofer Wasserwerke und den Kiesabbau hat den Geländenachteil längst behoben. Nun umfangen uns über dem Grundwasserstrom des eiszeitlichen, sogenannten Leipziger Muldenbetts Weideflächen, ziehen sich zwischen der Autobahn und der Faulen Parthe hin, die hier südwestlich abknickt und als Altenhainer Quellwasser nach 10 km »Lauf« in Albrechtshain in die Parthe mündet. Die noch auf Beucha-Kleinsteinberger Ortsflur liegende Landschaftspartie gehört bereits zum Grundwasserreservoir des Naunhofer Gebiets, ist Teil der »Naunhofer Waldwiesen«.

Doch zurück zur Weggabel beim Kleinsteinberger Gasthof. Folgen wir dort der abzweigenden Wurzener Straße bis zum Beucha-Trebsener Bahnübergang, so liegt rechts der Haltepunkt Kleinsteinberg, der auch dem nahen Waldsteinberg dient. Über die Gleise der »Steinbruchsbahn« hinweg, biegt gleich links ein Pfad entlang dem Todgraben und der Wochenendsiedlung »Kirschblüte« ein, der zum Bahnhof zurückführt.

Wenige Schritte weiter auf der nach Brandis verlaufenden Straße gelangt man – vor dem neuen Wohnstandort Beucha-Ost – über einen links abzweigenden Pfad zu Beuchas fünftem/sechstem (ehemals Tollerts und Hartwigs) Steinbruch. Die Einfahrt in den Bruch ist noch vorhanden, von der Steinbruchkante

Kleinsteinberger Feldflur am Wege zur Waldwegsiedlung

bieten sich Blicke auf den von Baumgrün und Siedlungen gerahmten See. Eine Insel reizt Schwimmer zur Umrundung und erinnert daran, daß es einst zwei Steinbrüche gewesen sind. Deren jenseitiges Hochufer raint schon wieder an den Beuchaer Bahnhof, die Brandiser Straße und eine Siedlung der 20er Jahre, die damals mit drei Häusern in Stahlblechkonstruktion auf Mauersockel (am Weiden-/Dahlienweg) landesweit von sich reden machte. – Dahinter ist am Lindenring ein Wohn- und jenseits der Hasenheide ein Gewerbegebiet entstanden.

Für den mit dem Zug Angereisten schließt sich hier am Bahnhof oder schon am Haltepunkt Beucha-Ost bzw. Kleinsteinberg ein erster Kreis. Nach Leipzig zurück oder weiter mit dem »Sandmännchen«, am Kohlenberg vorbei nach Brandis?

»Herrschaft« Brandis

Von beiden Beuchaer Bahnhöfen/Haltestellen führen auch Straßen nach Brandis. Hinzugekommen ist mit dem von beiden Gemeinden aufgebauten Gewerbegebiet die sogenannte Hasenheide als jüngste Verbindungstrasse, freilich auf älterer Grundlage, wie noch der Wegweiserstein (mit seinen Richtungsangaben Zweenfurth/Beucha und Brandis) am Ausgangspunkt Zweenfurther Straße/Ortseingang Beucha verrät. Die älteste ist fraglos eine über Beuchas Kirchberg hinweg, die durch den Steinabbau unterbrochen worden ist, sprichwörtlich »ins Wasser fiel« und auf die August-Bebel-Straße ausweichen mußte. Sie war ehedem die direkte Verbindung zwischen der auf Schloß Brandis sitzenden Herrschaft und den dorthin untertänigen Beuchaer Bauerngütern.

An der Beuchaer Bahnhofsschranke überschreitet die Straße die Gleise und verläuft über 3 km, an alten Sandgruben vorbei, nach Brandis. Zur Linken begleitet sie ab der einmündenden Hasenheide ein Fahrradweg, der neu ist, wie auch die Tankstelle vor der Stadt. Als erstes erreichen wir hier die sogenannte **Cämmerei**, wie die 1929 eingemeindete Ortslage mit ihrem Gasthof Drei Linden heißt. 1336 war Cämmerei im Besitz des Leipziger Thomasklosters, nach dessen Säkularisierung ist das ehemalige Gassendorf zur Brandiser Gutsherrschaft gekommen.

Beucha und **Brandis** verbindet seit alters nicht nur die erwähnte Grundherrschaft und das daran gekoppelte Patronat der Brandiser Schloßherren über die Bergkirche. In das historische Geflecht gehören ebenso der schon genannte überfällige Bahnanschluß von Beucha her, die verwandte Industrialisierung auf der Grundlage heimischer Rohstoffe wie die vielen Verknüpfungen der frühen Arbeitervereine in beiden Orten. Hinzu kam ihre gemeinsame Lage im südwestlichen Zipfel des 1952 gebildeten Kreises Wurzen; diese westliche Randlage ist ihnen auch im Anfang 1994 geschaffenen Muldentalkreis geblieben.

Die Stadt grüßt weithin mit ihrem 45 m hohen Kirchturm, dem mächtigen Schloßdach und dem Dachreiter des Gymnasiums von 1905/07. In »Sachsens (alter) Kirchen-Galerie« heißt es: *»Brandis gehört zu den Gütern ersten Ranges und besitzt ein schönes modernes Schloss, drei Etagen hoch und neunzehn Fenster breit, mit hübscher Aussicht auf den Schlossgarten und Umgebung. Im Schlossgarten befindet sich ein im Jahre 1854 für die jetzigen Besitzer erbautes Mausoleum von reiner Steinarbeit, in Dorischem Baustyl ausgeführt vom Bauinspector Kahnitz aus Leipzig. Zum Rittergute gehört das Vorwerk Posthausen ... Das Rittergutsareal besteht aus 1600 Morgen Feld, Wiesen und Teichen und 1600 Morgen Waldung. Ausser der Stadt Brandis gehören zum hiesigen Gute die Dörfer Kämmerei, Beucha, Borsdorf und Gerichshain.«*

Der etwa 3 ha große, mit seinen Stieleichen auf die Zeit um 1800 zurückgehende Schloßpark (mit Schloßcafé) reicht südlich fast bis an die Bahnlinie und das neue Parkhotel heran, die Schloßeinfahrt hingegen liegt am Brandiser Marktplatz. Das große schriftsässige, mit vier Pferden zu landesherrlichem Ritterdienst verpflichtete Rittergut Brandis gehörte im 16. Jahrhundert denen von Bünau und von Ende, im 17. Jahrhundert denen aus dem Winkel. 1690 erwarb der kurfürstliche Kammerherr Kraft Burchard von Bodenhausen das Gut, das sechs Jahre später zusammen mit 42 Häusern, Rathaus, Pfarre, Schule und Kirchturm einem Stadtbrand weitgehend zum Opfer fiel.

Der neue Grundherr bzw. sein Sohn, der Kreishauptmann Otto Wilhelm von Bodenhausen, haben das Schloß mit Torhäusern und Wirtschaftsgebäuden bis 1727 wieder aufbauen lassen. Der reich verzierte Mittelrisalit des Hauptbaues mit der großen Freitreppe ist dem Park zugewandt. Schloß Brandis kam von der Familie Schirmer nach drei Jahrzehnten durch Heirat 1849 an die Freiherren von Pentz, die den Schloßpark 1912–22 nach Süden erweitern ließen. 1933 verkauften sie ihren Brandiser Besitz an den Rittergutspächter Otto Busse und verzogen nach Berchtesgaden. Das

Im Brandiser Schloßhof, Blick zum westlichen Torhaus

Pentzsche Familiengrab befindet sich auf dem Brandiser Friedhof; eine Tafel erinnert dort auch an den beim Staatsstreichversuch gegen Hitler am 20. Juli 1944 beteiligten, in Berlin-Plötzensee einen Monat später hingerichteten Militärbefehlshaber in Frankreich, General Carl-Heinrich von Stülpnagel, der eine Pentzsche Tochter geheiratet hatte.

Nach der Bodenreform diente das Schloß dem Volkskommissariat für Außenhandel der UdSSR, ab 1950 als Finanzschule. Seit 1962 wird es als Alten- und Pflegeheim der Stadt Leipzig genutzt.

Große Toreinfahrten am dreieckigen Markt mit dem »Ratskeller« und Gasthof Zum Goldenen Stern weisen auf ein bis ins 19. Jahrhundert von Ackerbürgern

Im Brandiser Schloßpark

dominiertes Städtchen hin, das so (»Stetchin«) 1395 genannt wird und 1476 durch Günter von Bünau seine Rechte und Freiheiten bestätigt erhielt. 1764 hatte es 51 Ackerbürger und 67 Häusler. Seine Ratsverwaltung wanderte an der Marktnordseite von Nr. 9 (mit »Ratskeller«) über Nr. 7 (»Stadthaus«) zu Nr. 3, jüngst zur rekonstruierten Nr. 6 an der Ostseite.

Dort öffnet sich der Blick auf den Kirchplatz, bei dem die Keimzelle der Stadt und auch der erste Rittersitz (1191 »Gozwinus de Brandez« beurkundet) zu suchen sind. Die Ersterwähnung aber hat im Jahre 1121 die Kirche »Brandeitz« in einer erzbischöflich-magdeburgischen Schenkungsurkunde für das bei Halle gelegene Augustiner-Chorherrenstift Neuwerk

gefunden – was 1996 Grund war für die 875-Jahr-Feier der Stadt. Ihre frühe Förderung dürfte im Zusammenhang stehen mit dem Territorialvorstoß Magdeburger Bischöfe über Taucha auf den Muldenübergang bei Nerchau zu. Doch mit dem Aufstieg der Wettiner und deren Stadtgründungen (Leipzig, Naunhof, Grimma, Trebsen) verschoben sich die Verkehrsstränge, verkümmerten Brandis' städtische Ansätze.

Seit 1992 ist die Stadtkirche abschnittsweise saniert worden. Ihr Chor (Altarraum mit Netzgewölbe) und die Sakristei sind spätgotisch, der bis 1732 mit achteckigem Aufsatz und Welscher Haube umgebaute Turm ist wohl spätromanischen Ursprungs. Dem erwähnten Kirchenpatron und Schloßherrn Kraft Burchard von Bodenhausen verdankt die Kirche nach den großen Stadtbränden des 17. Jahrhunderts ihre barocke Ausstattung (Altar, Kanzel, Patronatsloge und Orgelprospekt mit reichem Akanthusschnitzwerk).

Wer die seit der Wende 1989 merklich aufstrebende, nach Eingemeindung von Polenz über 5 000 Einwohner zählende Stadt auf der Leipziger Straße südöstlich verläßt, kommt an den »Fliegerhäusern« vorbei. Hier sind während des Baues des Militärflugplatzes Waldpolenz in den Jahren 1934–36 Wohnhäuser für das Flugplatzpersonal entstanden. Auch stößt man hier auf die Zeugen später Industrialisierung, namentlich auf die drei Tongruben der Sächsischen, der Brandi-

ser und der Lübschützer Tonwerke, die einst Mauersteine sowie Ton- und Schamottewaren für die chemische Industrie erzeugten.

Vom ehemaligen Silikatwerk an der Polenzer Straße führt ein langer Stich, der von mehreren Werkgleisen gequerte Waldbadweg, durch eine reizvolle Landschaft zum Brandiser Waldbad. Um die Mitte der 50er Jahre wurde es der Naherholung erschlossen, nachdem dort seit 1947 Braunkohle abgebaut worden ist, ein Kleinstvorkommen, auf das sich Leipzigs Stadtväter nach den Brennstoffproblemen des Katastrophenwinters 1946/47 besannen. Freiwillige Helfer kamen sonntags aus Leipzig auf die Polenzer Dammwiesen, um die benötigte Hausbrandkohle im Tagebau zu fördern. Für Brandis keineswegs neu, hat es doch hier ein Dutzend Tiefbauversuche seit Mitte des 19. Jahrhunderts gegeben. Immerhin zieht sich bis Lübschütz das größte Braunkohlenbecken im nordsächsischen Porphyrgebiet; das sogenannte Brandiser Hauptflöz erreicht eine Mächtigkeit bis zu sechs Metern.

Rund um den Kohlenberg: Polenz – Ammelshain – Waldsteinberg

Vom Brandiser Waldbad führt ein leicht ansteigender Waldweg nach **Polenz**. Hier steht noch ein Auwaldrest, naturnaher Eichen-Lindenwald auf grundfeuchtem lehmig-tonigem Boden, Naturschutzgebiet. Ausgangs des Polenzwaldes tauchen hinter parkartigen Wiesen und einem kleinen Wasserlinsenteich die Giebel des Polenzer Gutes auf. Vom späten 15. Jahrhundert an herrschten die von Lindenau dort, ein am Berg- und Hüttenwesen der Zeit, vor allem am Mansfelder Bergbau teilhabendes, uns schon aus Machern bekanntes, überdies auch in Ammelshain ansässiges Geschlecht. Seit 1865 nannte sich der Polenzer Zweig von Trebra-Lindenau. Der 1992 Brandis angeschlossene Ort hat 1405 erste Beurkundung gefunden.

Ein reizvoller Blick hinauf zur Kirche ergibt sich vom Gasthof Polenz über das Fachwerkhäuschen von 1776. Es hat bereits vielfältigen Zwecken gedient: als Spritzenhaus und Ortsgefängnis, dem Gemeinderat als Sitzungsort. Die 1722/25 neuerbaute Kirche liegt in klassischer Ost-West-Ausrichtung im Friedhof. Ihre zwei Glocken stammen aus dem 14./15. Jahrhundert, die große Glocke des Lutherjahres 1883 ist Kriegsverlust. Sehenswert ist das Pfarrhaus mit der Lutherlinde von 1883 und der mächtigen Scheune an der Rückfront des Pfarrgutes, beide von 1811/13. Das gastliche Haus und der Garten tragen die Handschrift der Pfarrerswitwe und Volkskundlerin Ursula Böstel.

Die Straße von Brandis nach Polenz, der wir durch den Polenzwald ausgewichen sind, verläuft zwischen weitem Tonabbau und dem einstigen Sperrgebiet des nach Kriegsende von sowjetischen Truppen nachgenutzten Militärflugplatzes. Bis hin nach Zeititz/Leulitz war es vor dem Abzug der GUS-Streitkräfte 1992 eine verwüstete, von Stacheldraht und Verbotsschildern umgrenzte Zone. Eine zivile Flugplatznutzung hat hier Einzug gehalten, und Waldpolenz wächst zu einem neuen Brandiser Stadtteil heran.

Blick vom Polenzwald zum Gut Polenz

Schotter am Brandiser Lerchenberg wiesen auf ein weiteres eiszeitliches Muldenbett hin, den sogenannten Brandiser Muldenlauf, der sich im Frühpleistozän hier und westlich an Eilenburg vorbei bewegt hat. Die Brandiser Tongrube (Deponie) zieht sich inzwischen bis an Polenz heran. Ihr ist in den 80er Jahren das »Güntherschlößchen« zum Opfer gefallen, eine mittel-

alterliche Wasserburg, deren runder Bühl zuvor archäologisch untersucht worden ist.

Der alte Weg von Polenz südwestlich zum Brandiser Ortsteil Waldsteinberg zurück, der von der Polenzer Waldstraße her zwischen Polenzwald und Feldern weiterläuft, ist durch den hochaufgeschütteten Bahndamm unterbrochen. Westlich der Bahnlinie läßt sich unter vielen Hochsitzen, meist Vollkanzeln, am Waldrand entlang nach Waldsteinberg laufen, freilich nur in Trockenzeiten auf herbstlichen Stoppelfeldern.

Wir halten uns daher von Polenz die Landstraße entlang auf **Ammelshain,** zunächst auf den Haselberg zu, einen vor dem Steinabbau gleichhohen Hügel wie der Brandiser Kohlenberg. Hier überlagert der wegen seiner großen Feldspateinsprenglinge unterscheidbare Pyroxengranitporphyr den gleichfalls anzutreffenden Pyroxenquarzporphyr. Beides sind vulkanische Ergußsteine aus dem nordwestsächsischen Rotliegenden, vom Ende des Erdaltertums. Drei malerische Steinbrüche drängen sich hier auf engstem Raum, hinter einem kleinen zwei große Badeseen mit reizvollen Blicken und stillen Plätzchen.

Am südwestlichen Fuße des Haselberges liegen die Bahnstation und das 1350 »Ammulungeshain« erstge-

nannte Straßendorf. Die Faule Parthe durchfließt den Ort, und mehrere Teiche, darunter der von Pappeln gesäumte Dorfteich am Schloßkomplex, geben ihm das Gepräge. Aus einem Polenzer Vorwerk hervorgegangen, das seit 1532 den dortigen von Lindenau gehörte, ist zu 1681 das schriftsässige, nach Erbteilungen derer von Lindenau aus dem Verbund mit Polenz herausgelöste Rittergut Ammelshain belegt. Nach Konkurs wechselte der Herrensitz (Schloß um 1723, Jahreszahl und Lindenausches Wappen am Eingangsportal) 1750 an die von Wilcke, 1796 in bürgerliche Hand: an den Leipziger Kaufmann von der Becke, im 19. Jahrhundert an die Familie Eckhardt.

Der rechteckig umbaute Gutshof mit seinen langen seitlichen Scheunen- und Stallgebäuden unter ein bzw. zwei Dutzend »Ochsenaugen« tragenden Dachzonen beeindruckte noch bei aller Verwahrlosung in den 80er Jahren, ebenso das Schloß (mit Wintergarten nach 1889) vor der damals nicht minder wüsten Parkfront. Seit 1993 läuft eine durchgreifende Rekonstruktion der gesamten Anlage zu Wohnzwecken.

Südlich des Schlosses finden wir Kirche und Friedhof. Der Torbogen des Friedhofseinganges beherrscht die Blickachse der Hauptstraße, deren Nr. 3, die alte

Steinbruch am Haselberg bei Ammelshain

Dorfschmiede, und Nr. 31 schöne Fachwerkbauten sind. Die Kirche ist seit 1529 ein Filial der Polenzer, heute der Altenhainer Kirche. Der spätromanische Chorturmbau dürfte einer der ältesten Sachsens sein, wovon die verkuppelten Fenster der Turmglockenstube zeugen. Die romanischen Fensternischen finden jeweils über der Säule spitzbogige Abschlüsse, was den Übergangsstil der Zeit um 1250 verrät. Der Turm trägt ein Satteldach; östlich fügt sich ihm eine halbkreisförmige Apsis mit dem Altarplatz an.

Aus dem Naunhof angeschlossenen Ort führen Straßen ostwärts nach Altenhain und südlich bzw. südwestlich über die Autobahn hinweg nach Klinga oder

Kirche und Friedhofstor in Ammelshain

Naunhof. Wanderer und Radfahrer können den Überlandweg zurück nach Waldsteinberg wählen. Er führt nördlich der Autobahn und der Faulen Parthe in den Naunhofer Waldwiesen durch offene Felder, bis er den südlichen Waldrand des Brandiser Forsts erreicht, schließlich auf die Kurve der Brandis-Naunhofer Straße, nahe der Autobahnauffahrt, stößt.

Wir stehen dort vor **Waldsteinberg**, einem von Leipziger Wochenendausflüglern früh erschlossenen und nach den Ausbombungen des zweiten Weltkrieges vielfach zum festen Wohnsitz gewordenen Waldgebiet. Die zu Brandis gehörige Streusiedlung zieht sich bis zum Kleinsteinberger Haltepunkt der »Steinbruchsbahn«. Hier an der Naunhofer Straße, wo die »Waldschenke« als Hotel wiedererstanden ist, sind wir ihm am nächsten, dem 179 m hohen Kohlenberg auf Brandiser Flur, der seinen Namen wohl vom slawischen »Colm«, das heißt Berg/Hügel, herleitet.

Der Brandiser Colm oder Kohlenberg ist eine der großen Landmarken im Übergangsfeld vom Nordsächsischen Flachland zum Nordsächsischen Porphyrhügelland. Hoch – etwa 50 m über der Parthenaue – hebt er sich heraus aus den Waldungen und Kiesgruben des Brandis-Naunhofer Forsts.

Den Weg hinauf sollte keiner scheuen, der Blick hart an der Kante des Westbruchs ist überwältigend. Wer würde solche Szenerie hier am Ostrand der Leipziger Tieflandsbucht erwarten? Erloschene Steinbruchsindustrie vor drei Jahrzehnten, die tiefe Wunde scheinbar ausgeheilt und zu neuem Landschaftserlebnis geworden. Das meiste durch die Kraft des Wassers, dessen Spiegel tief unten man mit Steinwürfen fast vergeblich zu erreichen sucht, das übrige bewirkt durch die Rahmung des Waldes, darunter nicht wenige Birken. Die schroffen Wände zeigen wie in Beucha den Pyroxengranitporphyr, sie sind Übungsgebiet Leipziger Bergsteiger. Schweift das Auge über den Steinbruch hinaus, taucht wieder Beuchas Kirchberg auf, sind gar Leipzigs Völkerschlachtdenkmal, Neues Rathaus und Universitätshochhaus zu erkennen. Nördlich liegt Brandis vor uns, und dahinter läßt sich am Horizont die einstige, waldgesäumte preußische Grenze ausmachen.

Der Bergrücken trägt ein Hügelgräberfeld der jüngeren Bronzezeit (1400 v.u.Z.), etwa 24 größere Grabhügel, die der Kundige noch in Resten aufspüren kann. Auf dem Kammweg gelangt man zum nahen, fast wasserfreien Ostbruch, dessen Wände schon seit 1919 ein Dorado der Leipziger Bergsteiger sind. Die Ostseite des Kohlenbergs ist bereits vor der Mitte des 18. Jahrhunderts »angekratzt« worden. Der Blick kann von hier über ausgedehnte Wälder und über die Ortslage Polenz hinweg bis zum Collm bei Oschatz schweifen, der mit 316 m höchsten Erhebung des Nordsächsischen Platten- und Hügellandes.

Ein Abstieg zu der am Nordfuß des Kohlenbergs nach 1933 entstandenen Siedlung an der Brandiser Bergstraße, deren Feldseite jetzt auch Wohnstandort wird, und der modernen neurologische Rehabilitationsklinik – im Grünen gelegen und doch großstadtnah – ist möglich. Von dort wie auch von unserem Waldsteinberger Aufstiegspunkt aus ergeben sich zwischen der Brandis-Ammelshainer Bahnlinie im Osten und der Autobahn im Süden ungezählte Rad- und Wanderwege, von denen sich einige konzentrisch um den Kohlenberg legen. Bis an die tiefe Kerbe des Lehnsgrabens und zum Teil darüber hinaus reicht das Waldareal, bis nach Naunhof hin – ein Eichen-Hainbuchen-Lindenwald mit natürlichen Baumarten wie Stieleiche, Roteiche, Spitzahorn, Winterlinde, Hainbuche und Ulme, artenreich auch in den unteren Stockwerken mit Buschwindröschen, Maiglöckchen, Himmelschlüsseln.

Am nordwestlichen Fuß des Kohlenbergs stößt man auf den von Eichen gesäumten Damm der alten Beuchaer Feldbahn in den zu Ende des 19. Jahrhunderts eröffneten Westbruch. Auch die spätere normalspurige, bis in die 1960er Jahre benutzte Werksbahnlinie verlief auf diesem Damm und folgte noch ein ganzes Stück der Straße nach Brandis, mündete dann am Nordende des Kohlenbergteiches nach links in die Beucha-Brandiser Eisenbahnstrecke ein.

Um den auch Ententeich genannten, über lange Jahre hin für die Karpfenzucht mit Futtermitteln überfrachteten See zieht sich für Fußgänger ein leidlicher Trampelpfad. Mit der Zeit stellt sich wieder das alte Paradies der Sumpf- und Wasservögel her, so seit 1992 die Ansiedlung einer Lachmövenkolonie und erstmals wieder brütende Schwarzhalstaucher. Ein Naturdenkmal wegen ihres hohen Schätzalters von 600–700 Jahren ist die an der Naunhofer Straße beim Kohlenbergteich stehende sogenannte Muttereiche, die nahe Vatereiche ließen Herbstwinde 1995 zur Baumruine werden.

Ein weiteres wichtiges Biotop findet sich nördlich von Brandis und dessen jüngstem Wohnbaustandort mit den Macherteichen. Ein neuer Fahrradweg führt dort entlang hinüber nach Machern.

Kletterschule im Ostbruch des Brandiser Kohlenbergs

Linke Seite:
Westbruch des Kohlenbergs
Blick über den Kohlenbergteich zur Reha-Klinik

NACH NAUNHOF UND PARTHENSTEIN

Über Zuckelhausen – Holzhausen – Seifertshain – Fuchshain – Albrechtshain – Eicha – Erdmannshain

Diese Dörfertour bietet kürzere und weniger befahrene Wege als die weiter südlich über Liebertwolkwitz ausholende Landstraße nach Grimma. Sie beginnt an Leipzigs altem Stadtrand, dem sich **Zuckelhausen** und **Holzhausen** unmittelbar anschließen. Beide Orte gehörten seit dem späten 14. Jahrhundert dem Leipziger Thomaskloster, nach der Reformation zu den fünf neuen Leipziger Universitätsdörfern, von denen wir Kleinpösna, Zweenfurth, Wolfshain bereits kennenlernten. Der Zuckelhäuser Ring gibt noch das Rundplatzdorf (urkundlich 1335) wieder, nahebei die ursprünglich romanische Kirche. Die Kirche Holzhausen beherrscht den Anger des Dorfes aus der Landesausbauzeit. Als Herrensitz (»Johannes de Holzhusen«) ist es 1289/98 beurkundet worden.

An der Weggabel Kleinpösnaer/Seifertshainer Straße erinnert ein Österreicher-Denkmal unter hohem Doppeladler an die im Oktober 1813 *»in den Kämpfen um Liebertwolkwitz, Kolmberg, Seifertshain, Holzhausen und Zuckelhausen gefallenen Helden«*. Gemeint ist das österreichische vierte Korps unter General Graf Klenau. Am 17. Oktober, einem Sonntag, sollen die Kämpfe geruht haben.

An der Straßengabel wählen wir die Seifertshainer Straße, einen 4 km langen Stich über Zauchgraben und Pösgraben am Kolmberg und an einstigen Tongruben (Deponie Holzhausen) vorüber. Die Namensform Kolmberg ist uns vom Brandiser Kohlenberg her geläufig. Das von Bäumen überwachsene Denkmal auf dem 154 m hohen Kolmberg oberhalb der wüsten Mark Kolmen zeigt an, daß dies am *»16. October 1813 Stätte des Kampfes zwischen Klenau und Macdonald«* war. Der napoleonische Marschall vermochte mit etwa 15 000 Mann von Holzhausen her diese strategisch wichtige Höhe einzunehmen, was Napoleon veranlaßte, in Leipzig mittags alle Glocken Viktoria läuten zu lassen. Doch Macdonalds eigentlicher Auftrag, über Seifertshain die rechte Flanke der Verbündeten zu umgehen, scheiterte am Widerstand von Klenaus Truppen (24 000 Mann).

Wir überschreiten nun die alte Grenze des Leipziger Amtes hin zum Amt Grimma und kommen hinein nach **Seifertshain**, heute Ortsteil von Großpösna. Das Straßenangerdorf »Seyfardeshoyn« mit ziemlich konstant 30 »besessenen Mann« hat 1295 erste Beurkundung erfahren. Es war alter Besitz der Pomßener Grundherrschaft, seit 1350 bezeugt. Seine Dreiseitgehöfte liegen weit zurück von der breiten Dorfstraße hinter Vorgärten beachtlichen Ausmaßes – ein großzügiges Dorfbild, das nach Aufgabe des Angers Mitte des vorigen Jahrhunderts entstanden ist.

Ein zweiter Dorfteich befindet sich am Ortsausgang nach Kleinpösna. Auf dem Wege dorthin verdient die Paltrockwindmühle Beachtung. Noch gut vorstellbar, wie sich das ganze Mühlenhaus – eine reine Holzkonstruktion, deren älteste Teile auf 1760 zurückgehen – auf dem Rollenkranz bewegt hat und von einem kleineren Windrad, einer »Windrose«, die heute leider nicht mehr intakten Flügel »vor den Wind« gedreht worden sind. Bis 1948 ist die Seifertshainer Paltrockwindmühle wie die benachbarte Fuchshainer eine Bockwindmühle gewesen, die auf einem Bockgestell um einen senkrechten Zapfen, den sogenannten Hausbaum, mittels eines langen Sterzes bewegt wurde. So wie so sind sie heute selten geworden im einst windmühlenreichen Nordsächsischen Tiefland.

Zum Seifertshainer Kirchspiel gehören seit alters die beiden Filialkirchen von Kleinpösna und Fuchshain. Der Fußweg in die Pfarrgasse entlang der Friedhofsmauer lohnt. Über dem Kirchenportal prangt die Jahreszahl 1787, über der Toreinfahrt zum barocken, mit Weinspalieren bedeckten Pfarrgut (Nr. 3) steht 1752. Aus dem Friedhofsrasen erhebt sich ein Obelisk

unter bronzenem Helm, Grabstelle eines am 14. Oktober 1813 auf dem Kolmberg *»vom Luftdruck einer vorbeifliegenden Kanonenkugel«* getöteten österreichischen Dragonerleutnants. Die Seifertshainer Pfarrerstochter hat 1843 einen lesenswerten Augenzeugenbericht der nahen Kämpfe publiziert, darin auch ihre Fluchtstationen Albrechtshain, Brandis, Grimma vom 16. bis 30. Oktober 1813 beschrieben.

Die von Seifertshain in die Zauche führenden Wege enden wie die von Kleinpösna irgendwann blind, was sich bei Inangriffnahme der Autobahnsüdtangente verschärfen wird. So münden auch die beiden Wege am nördlichen Ortsausgang entweder an der Kleinpösnaer Seespitze in den fragwürdigen Radweg nach Albrechtshain oder werden nach dem neubepflanzten

Das Österreicher-Denkmal ausgangs Holzhausen Richtung Kleinpösna und Seifertshain

Linke Seite:
Seifertshain – das alte Pfarrgut

Wegstück zum schmalen Waldpfad entlang der Threne hinüber zur Straße Fuchshain-Albrechtshain.

Sicher gelangen wir von Seifertshain nur über die 2 km Landstraße nach **Fuchshain** in Richtung Naunhof, wohin das alte Straßenangerdorf verwaltungsmäßig orientiert ist. Es *»ist das größte und wohlhabendste in der Parochie«*, heißt es in »Sachsens Kirchen-Galerie« von 1844. Die reformationszeitliche Kirche wurde 1902/03 neu errichtet (Jugendstilausmalung).

Das zu 1267 als Rittersitz erstgenannte »Wuchshol« (Siedlung an der Fuchshöhle) ist auch eine kolonisationszeitliche Gründung im einstigen Merseburger Bannforst. Sein Ortsname hat sich allerdings erst im 15. Jahrhundert an die umliegenden deutschen *-hain*-Orte angepaßt. Die Dorfstraße wird von großen Dreiseithöfen beherrscht. Beachtung verdient die oberhalb des Sportplatzes gelegene zweite Fuchshainer Windmühle, eine noch klassische Bockwindmühle, inzwischen wieder mit Flügeln und in weitem Umkreis die älteste (zu Anfang des 17. Jahrhunderts bezeugt) und einzige, die hin und wieder noch schrotet.

Bei der Fuchshainer Kirche zweigt eine stille Überlandstraße nach Albrechtshain ab und am Ortsaus-

Fuchshain
Bockwindmühle

gang Richtung Naunhof gleich links ein Landweg nordöstlich nach Erdmannshain, der auf den Wald zuhält, dann am Waldrand entlang und durch Felder in den Naunhofer Ortsteil hineinführt. Die Autostraße führt südlich hinunter auf den Autobahnzubringer von der Leipzig-Grimmaer Chaussee.

Mit dem Fahrrad oder zu Fuß wählen wir den Überlandweg nach **Albrechtshain**, um die hier an der Parthe eng aufgefädelte Dorfreihe am äußersten Ende der Naunhofer Ortsteile aufzunehmen. 4 km Straße, zunächst von gestutzten Pappeln gesäumt, führen über die Threne hinweg. Ausgangs des Waldstreifens gerät Beuchas Bergkirche in Sicht, vor uns Albrechtshain (mit altem Dorfgasthof).

Das Gassendorf »Albrechtishain« fand im Lehnbuch des meißnischen Markgrafen und thüringischen Landgrafen Friedrich des Strengen 1349/50 erste Beurkundung. Von der mittelalterlichen Wasserburg zeichnet sich ein kleiner Bühl restweise in den Parthenwiesen ab. Die im Jahre 1897 erneuerte Kirche wird seit 1930 vom Beuchaer Pfarramt betreut. Neubauerngehöfte und Einfamilienhäuser leiten unmerklich zum Gasthof Eicha hinüber.

Der Albrechtshainer Bühl in den Parthewiesen

Ausgangs des Mittelalters war das heute unscheinbare **Eicha** ein stark besuchter Wallfahrtsort. Die Legende geht auf ein Marienbild in einer Eiche zurück, durch dessen Anbetung im Jahre 1454 ein hier steckengebliebener Fuhrmann sein Fuhrwerk wieder freibekommen haben soll. Der hiesige Herrensitz ist 1290 als »Quercu« (lat. Eiche) erstmals erwähnt worden. 1350 taucht er als »Merginhain« (Marienhain) auf, erst drei Jahre später in der dem Heutigen nahen Namensform »Eychen«.

Mönche des Antoniterordens haben 1497 bei dem Wallfahrtsplatz ein Kloster gegründet, jedoch nur drei Jahrzehnte Wirkungszeit gehabt. Die Reformation

Wallgraben Eicha

brachte seine Auflösung und 1530 einen ersten protestantischen Pfarrer hierher, dessen evangelische Predigten in Eicha und in Albrechtshain viel Zulauf aus Leipzig erfuhren. Es war Johann Pfeffinger, der auf kurfürstliche Weisung hier im noch ernestinischen Gebiet wirkte, hart an der Grenze des albertinischen Amts Leipzig, dessen Herzog Georg altgläubig geblieben war. Mit harter Hand hielt dieser Landesherr des Herzogtums Sachsen, der noch 1517 die berühmte Disputation Luthers mit Eck in der Pleißenburg hatte ausrichten lassen, die evangelischen Neigungen der Leipziger Bürger nieder, die folglich solche weiten sonntäglichen Wege auf sich nehmen mußten. Erst

sein Tod machte den Weg zur Einführung der Reformation in ganz Sachsen zu Pfingsten 1539 frei, und jener Eichaer Prediger Pfeffinger, der 1532 an die Belgerner Stadtkirche gewechselt hatte, wurde Leipzigs erster Superintendent.

Zum dritten Säkularfest der Einführung der Reformation im albertinischen Sachsen, am 3. Pfingstfeiertag anno 1839, hat es einen Leipziger *»Jubelfestzug nach Kloster Eicha über Zuckelhausen und Holzhausen«* gegeben, und in den Ruinen der Klosterkapelle ist eine Pfeffinger-Eiche gepflanzt worden. Hans von Minkwitz zu Trebsen, dem die Wettiner das Kloster nebst Zubehör 1525 überließen, hatte die Kapelle schon um 1532/34 für sein Projekt einer Trebsener Muldenbrücke abtragen lassen.

Von der alten Anlage haben sich Wallgräben an der Kastanienallee, vom Kloster Kreuzgewölbe im Hauptgebäude (Nr. 16, wohl das Refektorium) und in Stallanlagen erhalten. Ein geschnitzter spätgotischer Marienaltar in der Albrechtshainer Kirche könnte Eichaer Klosterherkunft sein. 1557 sind die *»28 besessenen Mann, 18 Inwohner und 12 Hufen Land«* von Albrechtshain sowie Eichas *»5 besessene Mann und 6 Inwohner«* ans Pomßener Rittergut gekommen. 1945 ist Vorwerk Eicha an Albrechtshain gefallen, das

Land an 23 Neubauern, 21 Kleinsiedler, 12 Altbauern aufgeteilt worden. Beide Orte haben sich 1993 der Stadt Naunhof, damit auch wieder enger dem nur 1 km entfernten Erdmannshain angeschlossen, wohin rechts der Straße ein neuer Radweg führt.

Aus den Parthenwiesen vor **Erdmannshain** erhebt sich eine neue orthopädische Rehabilitationseinrichtung: die Sachsen-Klinik Naunhof. Ihr folgt eine auffällige Villa, die zu Naunhofs erster »Leipziger Sommerfrischezeit« eine Nervenheilanstalt beherbergte. Der Ort hat 1272 als Rittersitz Beurkundung gefunden (»Otto de Ertmarishain«), ein Straßenangerdorf mit Dreiseithöfen und einer romanischen Dorfkirche. Dem flachgedeckten Schiff sitzt ein Dachreiter auf. Die einstige Filialkirche der Parochie Albrechtshain ist eine der ältesten Kirchen des Gebiets, mit eingezogenem Chor und halbkreisförmiger Apsis. Pfeiler und Kassettendecke sind grobe Holzarbeiten, die nördliche Empore datiert von 1512; das Altarbild ist eine verkleinerte Kopie der »Abnahme Christi vom Kreuze« des flämischen Malers Peter Paul Rubens. Die Kirche ist heute nach Naunhof eingepfarrt, das wir über den Autobahnzubringer hinweg schnell erreichen.

Über Liebertwolkwitz – Großpösna – Oberholz – Belgershain / Abstecher Rohrbacher Teiche – Threna – Köhra – Lindhardt

Wer die Leipziger Ausfallstraße über Liebertwolkwitz nach Großpösna hin wählt, bewegt sich – ähnlich wie auf Seifertshain zu – auf »klassischem« Schlachtfeldgelände von 1813, vorbei am Monarchenhügel und etwas südlicher gelegenen Galgenberg. Am 14. Oktober fand bei Liebertwolkwitz ein blutiges »Erkundungsgefecht« der Kavallerie statt, das den Verbündeten die letzte Gewißheit verschaffte, tatsächlich Napoleons Hauptmacht im Leipziger Raum gegenüberzustehen. Keineswegs zufällig daher, daß sich in **Liebertwolkwitz**, in der Tauchaer Straße 1 (Wirtshaus Zur Marketenderin), in einem 1985 nach mühevoller Rekonstruktion eingeweihten Fachwerkhaus vom Anfang des 19. Jahrhunderts, ein Interessenverein »Völkerschlacht bei Leipzig 1813« mit Museum eingerichtet hat; ein gleichzeitiger »Zweckverband Südliches Schlachtfeld 1813« vereint die Anliegergemeinden dieses geschützten Flächendenkmals.

Der Ort fand 1040 als »Niwolkestorp« erste Beurkundung. Für das Gassengruppendorf ist spätmittelalterlich eine Dreiteilung in eine kleine und große Siedlung sowie eine Rittergutsgemeinde bezeugt. Der Marktflecken wird 1497 »Städtlein« genannt. Doch seine Untertänigkeit (meist zum heute hart an der Braunkohlenkante gelegenen schriftsässigen Rittergut Störmthal) wie auch die Nähe zu Leipzig haben die weitere Markt- und Gewerbeentwicklung des Städtchens behindert, so daß es schließlich 1839/40 die Landgemeindeordnung angenommen hat.

Auch im nächsten Ort an der Grimmaer Chaussee, in **Großpösna** (Herrensitz »Wolferus de Pessene« 1190), dessen Dorfkern mit Kirche, Gut und Altem Gasthof linkerhand liegt, saßen im 16. Jahrhundert die im Umkreis vielbegüterten von Pflugk. Ihnen folgten die von Mühlbach sowie kurzzeitig die von Ende und von Löwenklau, bevor das heruntergewirt-

Das Galgenbergdenkmal südlich von Liebertwolkwitz

Wallanlage »Altes Schloß« im Oberholz

schaftete Großpösnaer Gut 1854 ein Vorwerk der Pomßener Schloßherrschaft wurde. Die spätromanische Chorturmkirche mit Apsis und spätgotischem Netzgewölbe im Chor, einst Filialkirche von Liebertwolkwitz, ragt als frühdeutscher Zeuge ins Heute des von Leipzigern zum Oberholz hin weiter aufgesiedelten Ortes am Pösgraben.

Der Ortsteil **Oberholz** hat den gleichnamigen Haltepunkt an der 1887 eröffneten Eisenbahnlinie Leipzig–Bad Lausick/Chemnitz. Leipzigern ist es eine beliebte Ausflugsstation mit dem Zug, mit vielfältigen Wandermöglichkeiten im einstigen Universitätsholz. 1544 hat Herzog Moritz von Sachsen dieses Kleinod zusammen mit den bereits genannten Dörfern Holzhausen, Zuckelhausen, Kleinpösna, Zweenfurth und Wolfshain der Leipziger Universität zu ihrer nachreformatorischen Neuausstattung geschenkt. 1894 ist ihm dafür hier, wo noch ein Lehr- und Versuchsgut der Leipziger Universität an die historische Bindung erinnert, ein Denkmal gesetzt worden.

Unweit des Eisenbahnhaltepunktes Oberholz finden sich markante Reste des »Alten Schlosses«, einer mittelalterlichen Wasserburg mit doppeltem Wall-Graben-System. Die Anlage steht im Zusammenhang mit dem urkundlichen Beleg zu »Wusten Albrechtishayn«, das 1393 ans Leipziger Dominikanerkloster gelangte und dessen Dorfflur vom Oberholz überwachsen ist; die Siedlungsfläche dieses wüst gefallenen Dorfes gibt etwa die heutige Waldwiese hinter dem »Alten Schloß« wieder. Im Umfeld des Ringwalles hat sich der ursprüngliche Charakter des Waldes mit Linden, Hainbuchen und Stieleichen am ehesten erhalten. Nahebei befinden sich ein Freigehege mit Dam- und Hirschwild und der Botanische Garten für Heil- und Gewürzpflanzen (Störmthaler Weg 2).

Bis nach Belgershain läßt es sich südlich des Bahndamms in den Waldungen des Oberholzes gut radeln oder laufen. Anders als das ehemals zwischen Liebertwolkwitz und Großpösna gelegene Niederholz hat sich das lange universitätseigene Oberholz erhalten,

ist durch die Wende auch den weitgesteckten Plänen des Braunkohlenabbaus entgangen. Hier findet sich eines der großen Seidelbast-Vorkommen in Europa. Der Hauptwanderweg ist als forstkundlicher Lehrpfad beschildert.

Mit der Eisenbahn ist es vom Oberholz eine Station bis **Belgershain**. Das große Straßendorf ist 1296 als »Berngershain« erstmals genannt worden. Vom ehemaligen Rittergut hat sich das über einer mittelalterlichen Wasserburg auf der Teichinsel erbaute Schloß mit anliegendem Park erhalten. Der Renaissancebau ist 1818 gotisierend verändert worden. Aus dem Besitz derer von Schulenburg gelangte das Schloß 1681 für ein Jahrhundert an die Pomßener Grundherren von Ponickau. Deren Stifterbildnisse schmücken den angrenzenden Saalbau der Belgershainer Kirche aus den Jahren 1682/86; hervorhebenswert ist ihre selten so geschlossen erhaltene Innenausstattung der Entstehungszeit (Altarwerk, Kanzel, Loge, Emporen).

Als weitere Besitzer des Belgershainer Gutes folgten die von Rex und von Uechtritz, schließlich Friedrich

Gut Belgershain

von Zehmen, laut »Neuer Sächsischer Kirchengalerie« ein *»hervorragender Ökonom, welcher die bedeutende Wirtschaft von Belgershain, Köhra, Lindhardt und Rohrbach selbst führte und große Verbesserungen machte«*. Nach seinem Tode 1851 übernahmen die Fürsten von Schönburg-Waldenburg das Rittergut mit den Vorwerken Köhra und Lindhardt, bis zur Bodenreform des Jahres 1945. Teiche beim Pfarrhaus und im Oberdorf gehören zum Ortsbild wie zum folgenden Abstecher.

Zu Belgershain zählt auch der weiter südlich gelegene Ort **Rohrbach**, der wegen seines Naturschutzgebietes »Rohrbacher Teiche« hier kurze Erwähnung finden soll. Obwohl von der Bahnlinie durchschnitten, ist es ein ideales Brutgebiet für Sumpf- und Wasservögel. Die meist aus Niederschlägen gespeisten »Himmelsteiche« gehen wohl auf ausgangs des Mittelalters geschaffene fischwirtschaftliche Anlagen

An den Rohrbacher Teichen

zurück. In der »Neuen Sächsischen Kirchengalerie« aus dem Jahr 1911 heißt es über das 1378 erstgenannte, zum Kirchspiel Köhra gehörende Straßendorf am Göselbach: »*Seit einigen Jahren, besonders seit Belgershain Bahnstation geworden, wird Rohrbach von Leipzig aus viel besucht und der Verkehr im dortigen Gasthof nimmt stetig zu. Der lieblich gelegene Ort mit seiner waldigen Umgebung, mit seinen großen Teichen und Wiesen zieht viele Spaziergänger an; auch die Entenjäger, Botaniker und Ornithologen kommen hier auf ihre Rechnung.*«

Doch zurück nach Belgershain und von hier – bzw. von Großpösna direkt auf der Grimmaer Chaussee – nach **Threna**, mit dem eingangs gelegenen Hotel-Restaurant Threna. Das Dorf am gleichnamigen Bach Threne, der hier entspringt und sich dann bei Zweenfurth in die Parthe verliert, hat 1287 als »Trenowe« Beurkundung gefunden. Seine im Kern spätromani-

sche Kirche mit dem massiven, torlosen Westturm (barocker Aufsatz), dem gleichbreiten Schiff, dem eingezogenen Chor und der Apsis war einst Mutterkirche des Filials Belgershain, bis sich dieses Verhältnis 1620 umgekehrt hat. Bei der Kirche befinden sich die Gemeindeverwaltung und ein spätes Gutshaus der Jahrhundertwende (Dorfstraße 52).

Einem befestigten Landweg (beim Sportplatz Threna, Gaststätte) westlich der Threne folgend, könnte man bis zum Naunhofer Wasserwerk II (oder West) von 1895, zur Threnaer Allee mit ihrem dichten Laubwald und zum Threnebruch kurz vor Naunhof gelangen. Dort sind noch Flächennaturdenkmale mit Auwaldcharakter (Bärlauch, Aronstab) und Orchideen anzutreffen.

Nächster Ort an der Grimmaer Chaussee ist **Köhra**, ein 1200 erstgenanntes Gassendorf mit ehemaligem Großgut und altem Dorfgasthof an der Landstraße. 1338 hat der Wettiner Friedrich II., der Ernsthafte, Einkünfte in dem im markgräflichen Distrikt Naunhof gelegenen Dorf dem Nimbschener Nonnenkloster geschenkt. Einst schriftsässig, war das Köhraer Gut (Fuchshainer Straße 38) spätestens ab 1681 nur noch Vorwerk des Belgershainer Rittergutes.

Das eigentliche Dorf liegt an der rechts abzweigenden Dorfstraße – an den beiden Dorfteichen zur Linken die Kirche, zur Rechten das ehemalige Pfarrgut (Nr. 61) mit Fachwerk in den Obergeschossen. Die im Kern spätromanische, 1768 und 1908 erneuerte Dorfkirche war seit der Reformation Mutterkirche für das Filial Rohrbach und für Lindhardt.

Am Ortsausgang nach Belgershain, wohin das Dorf eingemeindet ist, beginnt linkerhand eine Teichzone, die als Flächennaturdenkmal ausgewiesen ist. Genau entgegengesetzt zweigt von der Grimmaer Chaussee am östlichen Ortsausgang links die Straße nach Lindhardt ab, wo wir, spätestens nach der Parthenbrücke, endgültig in Naunhofer Gefilde eintreten.

Lindhardt ist eine von den Leipzigern vor Ende des 19. Jahrhunderts entdeckte Sommerfrische, fast ringsum von Wald umschlossen (der hierzulande geläufige Flurname Hardt bezeichnet in der Regel einen lichten, weidewirtschaftlich nutzbaren Wald). Ausgangspunkt war der Naunhofer Bahnanschluß im Jahre 1866, der Leipziger Bürger zunächst ausflugsweise hierher führte, dann auch feste Villen und parkähnliche Gärten anlegen ließ. Stellvertretend sei hierfür die Jugendstilvilla Cladeweg 7 genannt, die

Westriegel der spätromanischen Dorfkirche Threna

einem jüdischen Leipziger Antiquar gehörte und unter ihren Gästen die Physikochemiker und Nobelpreisträger Wilhelm Ostwald und Svante Arrhenius wie auch Thomas Mann gesehen haben soll.

Für ein halbes Jahrhundert war Lindhardt ein anerkannter Luftkurort mit Kurhaus und Hotel »Mühle Lindhardt«, in die später Kinderheime einzogen, sowie vielen Pensionen. Vor allem die Jahre vor dem ersten Weltkrieg brachten sonn- und feiertäglich ungezählte Besucher hierher. Kremser und Landauer am

Lindhardter Jugendstilvilla am Cladeweg

Naunhofer Bahnhof vermittelten den Andrang der in Lindhardt Erholung Suchenden.

Angefangen hat alles mit einem 1372 beurkundeten, zur Pomßener Grundherrschaft gehörigen Vorwerk, dem sich dann 1529 sechs Gärtnergüter hinzugesellten. Zum Jahre 1840 ist außer von den herrschaftlichen Wirtschaftsgebäuden von einer Wassermühle und sieben Drescherhäusern mit ca. 60 Personen die Rede. Vorwerk und Waldungen gehörten dem nach der Mitte des 19. Jahrhunderts in Belgershain

und Pomßen ansässigen Fürstenhaus Schönburg-Waldenburg. Das »Sächsische Forstamt Naunhof. Forstrevier Lindhardt« ist in einem stattlichen Fachwerkbau am Blaufichtenweg (Nr. 4) untergebracht.

Ausgangs des in den Pomßener Waldbereich führenden Weges sind rechts, hin zum Parthenwehr, im Flurstück »Altes Schloß« Reste einer mittelalterlichen Wasserburg zu finden – ein von mächtigen Eichen und jüngeren Buchen bestandener Rechteckbühl mit umlaufenden Gräben läßt sich noch erkennen.

Am Ortsausgang Richtung Naunhof liegt die Ausflugsgaststätte »Lindenklause«. Die Lindhardter Hauptachse der Naunhofer Straße führt auf die 2 km lange Fahrstraße mit parallelem Geh- und Radweg durch den Wald nach Naunhof. Ebenso kann man von der »Lindenklause« den Cladeweg in den Wald hinein benutzen, an einem Birkenhain vorbei über den Gladegraben zum gleichnamigen Sportplatz kommen. Die wüste Mark Clade – bereits auf Großsteinberger Flur gelegen, 1617 noch als Vorwerk erwähnt – hat dem Ganzen ihren Namen gegeben. Am Schienenstrang entlang erreicht man das Städtchen Naunhof.

Naunhofer Stadtbummel

Die Lindhardter Straße stößt auf den südwestlichen Stadtrand von **Naunhof**, wo sich zur Parthe hin der Sportplatz anschließt. Im dortigen Flußbogen haben wohl Naunhofs Anfänge gelegen, ein zum Jahre 1210 erwähntes »nouam curiam castrum« (neuer markgräflicher Hof), 1223 dann sicher beurkundetes »castrum Nuwenhof«. Leider ist die Wasserburg in der Parthenschleife durch den Turn- und Sportplatzbau des Jahres 1932 gänzlich eingeebnet worden. An sie erinnert nur noch das auch hier »Altes Schloß« genannte Flurstück. Die Kernburg soll einen Durchmesser von etwa 80 m besessen haben. 1257 hat hier Markgraf Heinrich der Erlauchte geurkundet, sie muß ein Rast- und Sicherungspunkt des markgräflichen Verbindungsweges von Meißen nach Leipzig über Grimma und die Parthe hinweg gewesen sein.

Anfänglich war die Naunhofer Wasserburg ein Rodungszentrum in dem einst bis zur Mulde reichenden Merseburger Bannforst, ab 1350 wurde sie Sitz eines markgräflichen Amtsbezirkes, des Distrikts »Nuwenhof«, der 25 Orte in einem großen Bogen zwischen Zuckelhausen bei Leipzig, Nepperwitz bei Wurzen, Hohnstädt bei Grimma und Belgershain umfaßt hat.

Das Naunhofer Gebiet zählte zum sogenannten Osterland, eine die alten Marken Merseburg und Zeitz ablösende, um 1300 für den Leipziger Raum faßbare Region, die nach dem Lehnbuch Markgraf Friedrichs des Strengen von 1378, einer Erfassung sämtlicher Einkünfte im wettinischen Raum, bei der nachfolgenden Chemnitzer Landesteilung von 1382, als dritter Landesteil zwischen Thüringen und der Mark Meißen eingerichtet wurde. Als eigenständiger politischer Raum zwischen Saale und Mulde ist er mit der wettinischen Hauptteilung, der Leipziger Teilung von 1485, wieder erloschen und so auch der Naunhofer Distrikt 1487, endgültig 1515, mit dem Amt Grimma vereinigt worden. Das Wasserschloß gehörte zum Leibgedinge der Kurfürstinnen, wurde wiederholt als

Am Parthenbogen vorm Sportplatz

Witwensitz genutzt und verfiel nach der Mitte des 16. Jahrhunderts (zuletzt 1627 bewohnt), was mit der Veräußerung von Schloß und Stadt durch Kurfürst August I. 1557 in Verbindung gestanden haben mag.

Noch ein Stück Alt-Naunhof zeigt die Wasser- oder Schloßmühle (Mühlgasse), ein Vierseithof mit Fachwerk in den Obergeschossen, hofseitigem Umgang an den Wirtschaftsgebäuden und Renaissanceportal aus Rochlitzer Porphyr am Wohnhaus, 1515 beurkundet. Viele Ausflügler kamen und kommen hierher, zur Gaststätte »Schloßmühle« und einst auch zum 1934 eingeweihten, heute ruinösen »Städtischen Waldbad«.

Winterliche Landschaft an der Parthenbrücke mit der alten Naunhofer Schloßmühle im Hintergrund

Die Landschaftspartie an der überbrückten Parthe nahe der Schloßmühle ist sehr schön. Im Frühjahr kann das Flüßchen ein drei Meter breites, schnell dahinströmendes Wasser sein, und es wird vorstellbar, wie einst Ausflugskähne von der Schloßmühle nach Lindhardt durch eine damals noch spreewaldähnliche Landschaft gestakt worden sind. Erst die 1934/35 vorgenommene Begradigung der bis dahin mäanderreichen Parthe sowie die allgemeine Grundwasserabsenkung im Gebiet durch die Wasserwerke haben das Landschaftsbild nachhaltig verändert, auch den Waldbestand in der Parthenaue, denn anstelle der flach wurzelnden Fichten drangen wieder die ursprünglichen Laubgehölze vor.

Im 15. Jahrhundert wird »Nauenhoff« als »Städtchen« genannt. 1557 gelangt es mit Übergabe des Schlosses durch Kurfürst August I. an dessen Kammerrat Hans von Ponickau auf Pomßen, wird zum grundherrlichen Vasallenstädtchen mit einem vom Schloßherrn genehmigten Wochenmarkt: *»mit den Lehen, Getreide- und Geldzinsen, den Ober- und Erbgerichten im Städtlein und im Felde 2 Gärten davor zwischen dem Städtelin u. dem Naunhoffschen Walde nebst dem Pfarrlehn darinnen, desgleichen das alte Schloß mit den an der Parthe, mit dem Wassergraben, der Fischerei in der Parthe, das Stück Holz, welches man den Zuckmantel nennt, und 7 Acker Wiesewachs an der Parthe, beides vor dem Schlosse gelegen ...«.*

So ist Naunhof um die Längsachse der Langen Straße und der Breiten Straße bis ins 19. Jahrhundert im wesentlichen ein Straßenort mit Gewannflur geblieben. Erst nach dem Eisenbahnanschluß von 1866 sind dann vor allem im Südosten villenartige Siedlungen hinzugekommen. Zwischen dem Parthenlauf und Eisenbahnstrang liegt der rechteckige Stadtgrundriß mit quadratischem Markt, Straßengitter und spätgotischen Teilen der Stadtkirche als ältester Bausubstanz. Das 1990 abgebrannte Rathaus ist mit der Sparkasse neu erstanden, wurde zugleich Auftakt einer Marktneugestaltung.

Die Brandgeschichte des Rathauses ist nicht neu, es ist schon 1734 nebst Gemeindeschmiede, 23 Wohnhäusern, 18 Scheunen und vielen Stallungen erstmals in Asche gesunken. Das im 18. Jahrhundert wieder aufgerichtete, 1856 abgerissene Rathaus kennen wir nicht, erst seinen Nachfolgebau von 1857 bzw. 1891. Ein Stich in Schulzes »Chronik von Naunhof und Umgebung« von 1898 zeigt das Ratsgebäude, auch einige Häuser der Marktnordfront. Ein einzelnes Fuhrwerk ist zu sehen, das gerade aus dem (noch erhaltenen) stattlichen Wirtschaftstor von Markt 4 gekommen sein

Naunhof
Alte Mühle

könnte. Sonst nur ein Jäger mit seinem Hund auf dem weiten Markt – vielleicht keine zufällige Staffage, sondern treffliches Schlaglicht auf die Wirtschaftsstruktur eines durch die Untertänigkeit zum Rittergut Pomßen stagnierenden Städtchens.

Die Nordseite des Marktes bietet mit gleichhohen Gebäuden, dabei die einstigen Stern-Lichtspiele, noch in etwa die historische Partie. Sehenswert auch das traufseitige Grundstück an der Ostseite, das älteste Gebäude am Markt (Rittersitz, später sogenanntes Stadtgut, zuletzt Sitz der Saxonia Brennstoffhandel GmbH, jüngst rekonstruiert als Kulturstätte mit Bibliothek, Stadtarchiv u.ä.), sonst durchschnittlicher Baubestand der letzten anderthalb Jahrhunderte.

Naunhof war im 18. Jahrhundert eines jener sächsischen Landstädtchen vom Ackerbürgertyp, die häufig durch Einquartierung von Kavallerie belastet worden sind. Nährten sich die Einwohner meist von Feldbau und Viehzucht, verfügten sie nach Ansicht der Militärverwaltung auch über ausreichend Futter und Stallung, um die Fourage einer Kompanie zu sichern; gewöhnlich wurde ein nahe liegendes größeres Dorf mit dazu verpflichtet, im Falle Naunhofs war dies Fuchshain.

Naunhofs Kirche und alte Knabenschule

Wie dem Rathaus ist es zum Jahreswechsel 1716/17 auch dem spätgotischen Bau der Naunhofs Silhouette beherrschenden Stadtkirche ergangen, nur daß Chor, Westturm und die Umfassungsmauern des Langhauses erhalten blieben. Die Pomßener Grund- und Patronatsherren und eine deutschlandweite Kollekte haben die Wiederherstellung der Kirche bis 1719 ermöglicht. Die neue Glocke des Jahres 1717 trägt die Inschrift: *»Abends halb acht Uhr ist dieses Gotteshaus durch eine plötzlich entstandene Feuersgluth erbärmlich bis auf die Mauern in Asche gelegt worden, darinnen nicht alleine die in den Thurme hangenden*

Das neue Naunhofer Rathaus

drei Glocken, sondern auch die Orgel, Kanzel und Altar jämmerlich haben zerschmelzen und verbrennen müssen. Damals war Gerichtsherr und Kollator der Hochwohlgeborne Herr Johann Christoph von Ponickau auf Pombsen, Naunhof, Großzschocher und Windorf, Sr. Kön. Maj. in Pohlen und Churfürstl. Durchl. zu Sachsen hochbestalter Cammerherr, Rath und Stiftshauptmann zu Wurzen ...« Auf der Rückseite der mittleren, 1798 aus der Lauchaer Werkstatt kommenden Glocke heißt es: *»Der Rath, Commun und ganze Stadt / Die auch dazu gegeben hat / Laße Gott in Segen stehn / Bis die Welt wird untergehn.«* – Ein Wunsch, der sich bislang erfüllt hat.

Den bis 1724 erneuerten Innenraum der Stadtkirche schmücken figürliche Grabdenkmäler des Pomßener Schloßherrn Rudolf von Ponickau (1582) und des nach 39jähriger Amtszeit 1733 verstorbenen Pastors Johann Georg Schöne. Dessen Amtsnachfolger bis

Naunhof
Vorstadtvilla

1758 in der auch Klinga und Staudnitz umfassenden Parochie, der Naunhofer »Kartoffel-Pfarrer« Christoph Friedrich Ungibauer, hat den Anbau der Erdäpfel um 1740 im Leipziger Umkreis heimisch gemacht. Die Straße hinter der Kirche und eine Gedenktafel am 1898 errichteten Pfarrhaus erinnern an ihn. Die großen Hungerjahre, etwa 1771/72, haben das Ausmaß seines Verdienstes deutlich gemacht, denn erst die gewöhnliche Kartoffel hat ärmeren Schichten in Notzeiten – bei gravierenden Ernteausfällen und Teuerungen – ein Überleben ermöglicht.

Das neben der Kirche traufseitig stehende Haus ist Naunhofs ältestes (Knaben-)Schulgebäude, 1726 erbaut. In die Mädchenschule der letzten Jahrhundertwende hat 1995 ein Turmuhrenmuseum Einzug gehalten; sein ältestes Sammlungsstück ist ein schmiedeeisernes Uhrwerk von 1606.

Der Bahnanschluß an die Strecke Leipzig-Grimma (oder Borsdorf-Meißen, wie sie damals hieß) hat nicht nur Leipziger Sommerfrischler nach Naunhof strömen lassen, sondern auch erste Industrie hergezogen, so 1887 eine Merinospinnerei, in den 1920er Jahren

dann Rauchwarenfärbereien und -zurichtereien für die Pelzverarbeitung des Leipziger Brühls. Immerhin verdreifachte sich Naunhofs Einwohnerzahl seit dem Bahnanschluß bis 1905 auf über 3 500.

Noch wichtiger für die Großstadt Leipzig mit ihrem enorm wachsenden Wasserbedarf wurden die Naunhofer Wasserwerke, die den Grundwasserstrom im hier bis zu 8 km breiten, durchschnittlich 15 m mächtigen, frühpleistozänen Schotterkörper des einstigen Muldenlaufs auf Leipzig zu nutzten. In dem eiszeitlichen Mulde-Urstromtal fließt heute nur die Parthe, jener 1021 beurkundete Fluß, dessen Quelle im Glastener Forst liegt. Die saalekaltzeitlichen Gletscher haben, wie schon bei Sommerfeld dargestellt, viel Gesteinsschutt aus dem Norden herangeschleppt und nach ihrem Abschmelzen zurückgelassen, was die Mulde in ihr heutiges Bett umgelenkt hat.

Baurat Adolf Thiem veranlaßte dies, das im hiesigen Schotterkörper nordwestlich strömende Grundwasser anzapfen zu lassen – *»durch quer dazu verlaufende lange Galerien miteinander verbundener, 10-15 m tiefer Filterbrunnen«*. So hat es der Geologe Horst Rast

Am Ammelshainer Autobahnsee

in der »Rundblick-information Heft 9« (1983) anschaulich beschrieben. Die von Thiem 1878 geschaffene Grundwasserkarte des Leipziger Raumes war eine der ersten hydrologischen Karten überhaupt. Ihr folgend, ist 1887 das erste deutsche und damals modernste Druckwasserwerk Europas östlich von Naunhof (Wasserwerk I) gebaut worden, dem sich 1895 das bereits erwähnte Wasserwerk II (West) anschloß. Mit bis zu 70 000 m^3 Wasser täglich vermochten sie Leipzigs Wasserbedarf bis 1904 allein zu decken.

In den 1930er Jahren begann man, auch den pleistozänen Muldenschotter, die hohen Anreicherungen an Sand und Kies im Urstrom, für die Bauindustrie,

Auf dem Dreiflügelweg

namentlich für den Reichsautobahnbau, zu nutzen. Vom Albrechtshainer Autobahnsee war schon die Rede, auch das Naturbad Ammelshain verdankt dem seine Entstehung. Ende der 1950er Jahre entstand dann im Nordosten der Stadt auf dem ehemaligen »Sauplan«, wohin früher die Schweine zur Eichelmast getrieben wurden, das Spannbetonwerk Naunhof und mit ihm die zweite mächtige Kiesgrube am alten Dreiflügelweg.

Ins Badeparadies am Dreiflügelweg

Ähnlich wie Beucha umgibt auch Naunhof, wo zudem nach der Wende wieder mehrere Hotels entstanden sind, ein Kranz von Wochenendsiedlungen, meist Leipziger Familien, die hier Ausgleich zum großstädtischen Werktagstreiben suchen. Und wie kaum anderwärts auch finden! Die Naunhofer Waldungen dehnen sich zwischen Parthe bzw. Eisenbahn und Autobahn, und die beiden großen Kiesgrubengewässer bieten zusätzliche Reize. Zwar rollt Autoverkehr über die Brandiser und die Ammelshainer Straße in nordöstlicher Richtung durch den Forst, und immer wieder drohen hochsommerliche Entgleisungen der motorisierten Ausflügler, die diese Autopisten waldeinwärts verlassen möchten bzw. deren Ränder beparken oder anderweitige Verstöße mehr gegen das unverzichtbare Forst- und Wasserschutzreglement begehen. Doch Naherholung (NEG) Naunhofer Forst und eine für solche Naturräume sensibilisierte Öffentlichkeit wehren dem.

Im übrigen bleiben viele stille Wander- und Radwege um die lange Ausflugsachse des alten Dreiflügelweges. Letzterer beginnt am Naunhofer Ortsausgang in Richtung Großsteinberg, vorbei am ehemaligen Krankenhaus (heute Altenpflegeheim des Diakonischen Werks) und am alten Wasserturm. Über mehr als 5 km verläuft der Dreiflügelweg durch Mischwald, über die Bahnstrecke weg, bis nach Albrechtshain. Sein erster Flügel endet am Klingaer Weg und Klengelgraben, sein zweiter an der Ammelshainer Straße. Die dortige Wegspinne war einst der nach Sachsens Königshaus benannte Wettin-Platz.

Da beginnt der dritte Flügel, der längste Stich des Dreiflügelweges. Über die Sandfurtallee weg durchläuft er die Farnzone zwischen den Autobahnseen. Hier schlägt zur Linken und Rechten der hochsommerliche Puls an den etwa 65 ha und 46 ha großen Badegewässern, hier hat eine Nachkriegswiege der Freikörperkultur gestanden, hier halten Luftbader und einige Unentwegte von der ersten Märzsonne bis in den Spätherbst hinein die Stellung. Sind es doch besonders die ruhigen Stunden im Kiesstreifen zwischen Wald und Wasser, die körperliches wie psychisches Wohlbefinden und das eigentliche Erlebnis bringen, eine Ahnung von menschlicher Einheit mit der Natur. Zum Jahreswechsel dann bieten hartgesottene Eisbader nochmals öffentliches Badegaudi, traditionell nun schon vor vielen Schaulustigen und des festtäglichen Bewegungsnotstandes Überdrüssigen.

Am größeren Naunhofer See wird noch Kies gefördert. Nach dem früheren Flurstücksnamen heißt er auch »Grillensee«, der kleinere Ammelshainer »Moritzsee«. Dort gibt es nahe der Autobahn große Parkplatzzonen für die Hundstage, wenn die Großstädter in Strömen der Glut ihres Häusermeeres entrinnen.

Was über den harten Kern der Luftbader gesagt worden ist, gilt ebenso für viele Wanderfreunde und Radfahrer im Naunhofer Forst, die mehr noch die aktiveren Naturzyklen jenseits des Sommers zu schätzen wissen – auch die letzten Wegstücke aus den Wäldern hinaus in die anrainenden Fluren und zu den umliegenden, sämtlich reizvollen Dörfern.

Sogar der norddeutsche Heimatdichter Hermann Löns hat im Naunhofer Forst ungefragt Einzug gefunden. Seine wohl besten Volksliedverse »Auf der Lüneburger Heide« sind hier zwar nicht stimmig, aber bei Bedarf allemal zu singen, und auch »Mümmelmann«, wie seine gelungenste Tiergeschichte heißt, ist hier wie da, heute allerdings immer seltener, anzutreffen. Auf einem Findling sind Löns' Name, seine Lebensdaten 1866–1914 und das unvermeidliche Waldhorn eingemeißelt. Man findet die Stelle in der Mitte des Lönsweges, einem von Birken gesäumten, überwachsenen Pfad, der in der verlängerten Achse des Ammelshainer Sees von der Sandfurtallee östlich abzweigt.

Nach Parthenstein: Klinga/Staudnitz – Großsteinberg am See – Großsteinberg / Abstecher Müncher Teich – Grethen – Pomßen

Zur südöstlichen Dörferfahrt können wir die Klingaer Landstraße benutzen, die beim Naunhofer Bahnhof, genauer gesagt beim Bahnübergang, ihren Ausgang nimmt und am Friedhof vorbei in den Wald führt. Sie quert den Dreiflügelweg und Klengelgraben, um dann durch offene Felder auf Klinga zuzulaufen. Ebenso läßt sich für Radfahrer weiter ausholen, die Ammelshainer Landstraße entlang bis zur erwähnten Wegspinne, dem ehemaligen Wettin-Platz, wo ein Waldweg im rechten Winkel abzweigt und südöstlich auf Klingas Ortsteil **Staudnitz** zuhält.

Sobald wir dort den Waldrand erreichen, beginnt eine Siedlungsreihe – hinter ihr der Staudnitzbach –, die sich bis zur Ortslage hochzieht, deren Silhouette vom Westriegel der Klingaer Kirche vor dem 170 m hohen Senfberg bestimmt wird. Staudnitz hat als sorbischer Rundweiler 1186 frühe Beurkundung erfahren, das dreiflüglige Gassendorf **Klinga** (»Clinge«, das nur die deutsche Umschrift des slawischen Staudnitz sein soll) erst 1251 als Rittersitz. Die 1936 vereinigte Gemeinde hat zehn Teiche aufzuweisen, sehenswert die Teichinsel mit der Kastanie. Klinga zählt heute zusammen mit Großsteinberg, Pomßen und Grethen zur neugebildeten Gemeinde Parthenstein.

Die Klingaer Kirche ist im kunstgeschichtlichen Sinne ein Kleinod, stilecht im Ganzen, eine einheitliche spätromanische Anlage, in klassischer Staffelung vom wehrhaften Westturm über das gleichbreite Kirchenschiff mit eingezogenem Chor bis zur halbkreisförmigen Apsis im Osten. Die Glockenstube des Turms zieren gekuppelte Rundbogenfenster, deren Säulen ornamentierte Kapitelle. Zwei stark beschädigte romanische Taufsteine flankieren das rundbogige Westportal. Die südliche Außenwand hat eine Sonnenuhr, die zusätzlich in einer elliptischen Zeitgleichungsschleife die Differenz zwischen der bis ins

Roßkastanie auf der Klingaer Teichinsel

19. Jahrhundert üblichen sogenannten wahren Ortszeit und der mittleren Ortszeit anzeigt. Das Innere der Kirche schmücken Emporen des 17. Jahrhunderts und eine bemalte Felderdecke; Chorlogen, Kanzelaltar und Orgel mit Cimbelstern sind barock.

Unter den Klingaer Dreiseithöfen fällt das stattliche Gut Nr. 115 mit klassizistischen Stilelementen auf. Schräg gegenüber liegen das 1908 errichtete Gemeindeamt und der Gasthof Schwarzes Roß. Ein Weg führt dort aus dem Dorf zum Senfberg, dessen Kuppe einen 1902 errichteten Aussichtsturm zu Ehren des Turnvaters Jahn getragen hat. In die Bleichertsche Villa, wo der Leipziger Fabrikant 1919/29 gewohnt

hat, ist eine Kinderklinik der Universität Leipzig eingezogen. Über die abfallenden Felder schweift der Blick in Richtung Beiersdorf.

Von Klinga führen 2 km Landstraße nach Großsteinberg, den Sitz der neu geschaffenen Gemeinde **Parthenstein**. Entlang der Straße begleiten uns Ebereschen, hinter Feldern und einem Baumrund läßt sich der Siedlungsteil **Großsteinberg am See** erahnen, der von der Klingaer Straßengabel direkt zu erreichen ist. Der See ist als Kiesgrube für den Bau des Leipziger Hauptbahnhofes ab 1903 entstanden. Ein Jahrzehnt später folgten die Landhäuser, die den Zugang zum Wasser abriegeln (im Volksmund daher »Protzensee«). Ein Weg läuft um die Grundstücke herum und erlaubt hin und wieder Einblicke auf die Wasserfläche. Beim »Haus am See« erreichen wir wieder die Naunhofer Landstraße. Sie war die alte Poststraße, seitdem Kurfürst Moritz von Sachsen um 1550 eine reitende Post von Dresden nach Leipzig einrichten ließ.

Auf ihr gelangen wir nach **Großsteinberg** hinein und erreichen den alten Straßenanger des 1308 erstgenannten Rittersitzes »Steynberc« dort, wo von der

Hauptstraße am eingefaßten Oberteich die Dorfstraße hinunter abzweigt. Auch hier prägen große Dreiseithöfe, gelegentlich mit Schleppdächern (Nr. 6, 17), das Dorfbild, etwa Nr. 16/18 als einst mächtiges Gut mit zwei Einfahrten zwischen kunstvoll gedeckten Pfeilern und ebenso zwei Toren in der hinten querstehenden Scheune. Gut Nr. 21 weist noch ein hölzernes Taubenhaus auf konischer Steinsäule und eine dreibogige Kumthalle auf.

Weiter unten folgt die historische Partie der Dorfkirche mit Friedhofsmauer, Schule von 1822 und Friedhofstor. Neben dem Eingang befinden sich ein spätmittelalterliches Steinkreuz aus Quarzporphyr in Maltheserform und ein Halseisen zur Ausübung der niederen Gerichtsbarkeit. Die Kirche, ein Filial der Pomßener Mutterkirche, ist ein spätromanischer, 1875 veränderter Bau, dessen Turmsüdseite noch gekuppelte spitzbogige Fenster zeigt, wie wir sie schon an der Glockenstube des Ammelshainer Kirchturms gesehen haben.

Beim Bau des ehemaligen Turn- und Sportplatzes unweit der alten Hohen Straße, auf die wir noch

Am Großsteinberger See

zwischen Grethen und Pomßen stoßen werden, wurde 1932 ein bronzezeitlicher Urnenfriedhof angeschnitten. Dessen sorgfältige archäologische Freilegung erfolgte ab 1978/79 und erbrachte an die hundert Gräber mit Schmuckbeigaben der Zeit um 1200 v.u.Z. Damit ist Großsteinberg die wohl trächtigste Fundstelle zur Vorgeschichte unseres Gebietes. Sein eigentlicher Ortsname »Steinberg major« taucht urkundlich erst 1421 auf. Das Unterdorf wird langhin von der Bahnlinie tangiert.

Das Oberdorf zieht sich um den 186 m hohen Windmühlenberg, der einst eine Windmühle getragen hat, um die sich die Ortssage vom Müller und Teufel (Der seltsame Müllerknappe) rankt. Am Südhang sind früh schon Steine gebrochen und Häuser der Hauptstraße in den Berg hinein gebaut worden. Die Beiersdorfer Straße ortsauswärts steht links der Fels an, den eine Mauer umrundet, die an den einstigen Gutspark auf der Kuppe erinnert. Großsteinberg hat zum Belgershainer Rittergut gehört, bevor es 1617 durch den kurfürstlichen Kammerherrn David Döring, einen Kriegsgewinnler der schlimmen Jahre, zum Rittergut Böhlen (später zum Rittergut Hohnstädt) geschlagen wurde, wo Döring 1638 verstorben ist.

In der Beiersdorfer Straße kommen wir am letzterhaltenen alten Backofen des Ortes vorbei (Nr. 2). Bis ins 19. Jahrhundert hatte noch fast jedes Gut einen solchen an Flur oder Küche angebauten Backofen, der von dem im Kolonisationsgang erworbenen und über Jahrhunderte in Sachsen verteidigten individuellen Backrecht kündete.

Die früheren Wege nach Grethen und nach Beiersdorf sind durch das Großsteinberger Splittwerk teilweise gestört. Großer und Kleiner Brandberg sind schon gänzlich abgebaut worden, dahinter ragt der 207 m hohe Lindberg auf, mit der »Roten Bank« am Südhang. Die ganze Abbaufront wird vom Windmühlenberg, den wir die Bergstraße hinauf erreichen, nach Osten gut einsichtig, auch Grethen. Bänke laden auf dem Kammweg zum Verweilen ein, auch im verwilderten Gutspark gibt es eine solche Stelle im Ginster mit weitem Blick über Großsteinberg nach Süden: zum Schloß- und Kirchturm von Pomßen sowie zu den Schloten des Bornaer Braunkohlenraumes am Horizont. Längst ist der Windmühlenberg um den umstehend gezeichneten Wohnbau der Neuen Sachlichkeit (Nr. 21) herum aufgesiedelt.

Die Bergstraße nach Westen abwärts kommen wir wieder auf die Hauptstraße. Oberhalb einer Gartenkolonie bietet Großsteinbergs Gaststätte »Berghütte« Rast, bevor es weitergeht – in den äußersten südöstlichen Zipfel unseres Ausflugsgebietes.

Zuvor bleibt anzumerken, daß auch dem Beiersdorfer Weg in den Wald hinein gefolgt werden kann. An

der Weggabel halten wir uns links, vorbei an einem Seerosenteich, dann weicht der Weg abermals dem Steinabbau links aus auf die Klinga-Beiersdorfer Landstraße zu. Es sind weite schöne Waldungen, das südlichste Stück eines zusammenhängenden, vom 181 m hohen Frauenberg bekrönten nordsüdlichen Areals, das sich bis zum Vorderen Planitzwald südlich der Leipzig-Wurzener Bahnlinie dehnt, nur unterbrochen durch die Autobahn und die Bahnlinie.

Nach Grethen geht es hinter dem zweiten Großsteinberger Bahnübergang per Radweg links der Landstraße. Radfahrer und Wanderer können auch die alte Poststraße nördlich der Bahnlinie jenseits des Großsteinberger Splittwerkes nutzen. Sie hält auf die Grethener Jugendherberge zu, die Anfang der 1920er Jahre von Leipziger Arbeitern als Naturfreundehaus Großsteinberg geschaffen worden ist. Dort kann wenig später die von Beiersdorf nach Grethen führende Straße von denen gequert werden, die dem Land-/Radweg bis zum Müncher Teich bzw. nach Grimma folgen wollen. Der von Grimmas Augustinermönchen

ausgangs des Mittelalters angelegte, daher Mönchsteich genannte See hat eine schöne Schilfzone.

Doch zurück zur Beiersdorfer Landstraße, der wir über die Bahnschienen hinweg nach **Grethen** folgen. Hinter Teichen erreichen wir die 1251 ersterwähnte Ortslage mit dem Storchennest auf dem Kirchenschiff. Vom ursprünglich spätromanischen Bau der Kirche zeugen Bruchsteinmauern und der im Osten stehende Turm mit zum Teil noch gekuppelten Rundbogenfenstern auf Porphyrsäulen. Die Kirche ist 1776 erneuert und 1902 nach Westen erweitert worden. Eine einzigartige museale Sammlung zur Feuerwehrgeschichte bietet die Grethener Feuerwehr in ihrem Gerätehaus Großsteinberger Straße 1.

Das Dorf wird von der Parthe durchflossen und geprägt, über die viele Brücken und Stege führen. Südlich des Flüßchens folgen wir ihm aufwärts bis ans Dorfende, wo das Natur- und Waldschutzgebiet der Alten See seinen Ausgang nimmt. Mit über 20 ha ist es der größte Erlenbruchwald Sachsens, ein Brut- und Lebensareal von Wald- und Sumpfvögeln und Standort seltener Pflanzenarten wie dem Bärenklau. Zu den Schwarzerlen haben sich Stieleichen und Birken gesellt. Wanderer mögen am See entlang auf den vorgezeichneten Wegen bleiben.

Naturschutzgebiet Alte See bei Grethen

Wir stehen am weitesten Punkt unserer Ausflüge und doch nur 25 km von Leipzig entfernt. Die Parthe hat von ihrer Quelle im Glastener Forst 12 km hierher zurückgelegt, weitere 20 km fließt sie nordwestlich innerhalb unseres Ausflugsgebietes und wird so zur eigentlichen Achse wie zur Lebensader des Borsdorf-Beuchaer und Naunhof-Parthensteiner Raumes.

Wir wollen der Parthe noch ein Stück flußabwärts nach **Pomßen** folgen, dem letzten Ort unserer südöstlichen Dörferfahrt um Naunhof. Wiederum wählen wir dafür nicht die chaussierte Landstraße entlang weitläufiger Apfelplantagen, sondern einen Radweg, den alten Handelsweg rechts der Parthe, der aus-

Blick zum alten Höhenweg zwischen Grethen und Pomßen

gangs Grethen von der Großsteinberger Straße abzweigt. Es ist die erwähnte Hohe Straße/via regia, der vermutlich älteste, schon in vorstädtischer Zeit benutzte Verkehrsweg, der sich hier auf der Schotterbank des eiszeitlichen Muldenlaufs bis nach Lindhardt oberhalb der Parthe hinzieht. Über 5 km hin benutzte die Hohe Straße den Bergrücken, der sich wallartig aus dem Urstromtal zwischen Grimmaer Landstraße und dem Großsteinberger Porphyr erhebt. Leider ist dieser denkmalswerte Weg nicht mehr bis nach Lindhardt zu verfolgen, sondern gestört vom dortigen Militärobjekt wie vom Kiesabbau oberhalb Pomßens, wo sich neue große Wasserflächen auftun.

An der Gasabfüllstelle führt die Straße ins Dorf hinunter, an einem von der Parthe durchflossenen See vorbei. Pomßen ist ein 1255 »Pomezin« erstgenanntes Straßendorf mit Großgut. Zunächst gelangt man zur Kirche, einem spätromanischen Bau mit mächtigem Westturm, eingezogenem Chorjoch und Apsis – zusammen mit dem Kirchhof (Grabdenkmäler des 18. Jahrhunderts) und dem Pfarrgut eine malerische Baugruppe. Das Kircheninnere bietet einen geschlossenen Eindruck des 16./17. Jahrhunderts, hervorhebenswert der dreistöckige Sandsteinaltar, zugleich Epitaph des 1573 verstorbenen Hans von Ponickau, die figürlich bemalten Felderdecken, die Emporen mit ihrer Ornamentmalerei, die hölzerne Kanzel und der schwebende Taufengel im Chor, die Herrschaftsloge derer von Ponickau sowie zahlreiche Denkmäler dieser Familie bis 1725. Schließlich noch ein besonderes Kleinod, die hier 1683 eingebaute Orgel mit Cimbelstern, ein Instrument von etwa 1570, älteste spielbare Orgel Sachsens, für deren Restaurierung und Pflege sich 1996 ein Förderverein »Renaissance-Orgel zu Pomßen« gegründet hat. Die Kirche ist Mutterkirche

des Großsteinberger Filials, die Pomßener Parochie eine von sechs Kirchspielen, die vom Rittergut erfaßt (Pomßen, Naunhof, Albrechtshain, Seifertshain) oder wie im Falle Grethens (Großbardau) bzw. Kleinsteinbergs (Beucha) nur berührt wurden.

Südlich der Grimmaer Chausee liegen Schloß, Gutsgebäude und Park. Pomßen war einst eine der größten Rittergutsherrschaften in ganz Westsachsen. Als H.L. Hofmann 1901 sein Überblickswerk »Die Rittergüter des Königreichs Sachsen. Ein Abriß ihrer Geschichte und rechtlichen Stellung nebst topographischen und statistischen Nachrichten über sämtliche Rittergüter« vorlegte, wies er für das Rittergut Pomßen 946 ha Fläche aus, dabei 425 ha Feld, 56 ha Wiesen, 420 ha Wald und 45 ha Wasser, d.h. Teiche und offene Gewässer. Die Herrschaft Pomßen gehörte den Fürsten von Schönburg-Waldenburg, den nach dem wettinischen Königshaus größten Grundeigentümern von Sachsen. Sie verfügten 1925 über insgesamt 8 640 ha Land und Waldungen. Prinzessin Luise von Schönburg-Waldenburg wurde letzte Schloßherrin in Pomßen vor der Bodenreform im Herbst 1945.

Damit ging die adlige Besitzgeschichte eines dreiviertel Jahrtausends zu Ende, die über zweieinhalb Jahrhunderte durch das namhafte Geschlecht derer von Ponickau geschrieben worden ist. Sie stellten kurfürstliche Kammerräte und saßen im »Geheimen Rat«, dem ersten Beraterkreis der sächsischen Kurfürsten im 16. und 17. Jahrhundert. Erstmals traten sie in Pomßens Geschichte auf, als sie 1536 das hiesige altschriftsässige Rittergut mit den zugehörigen Dörfern Pomßen, Grethen, Klinga, Seifertshain und Stockheim den Vorbesitzern von Pflugk, einem nicht minder namhaften, weitverzweigten sächsischen Rittergeschlecht abkauften. Schon zwei Jahrzehnte nach dem Erwerb Pomßens hat es Hans von Ponickau vermocht, fünf weitere Dörfer des Umkreises – Albrechtshain, Eicha, Erdmannshain, Fuchshain und Kleinsteinberg – sowie das Städtchen Naunhof der Grundherrschaft hinzuzufügen. Für Kurfürst August I. war er, der ihm die kursächsische Finanzverwaltung reformieren half, ein überaus wichtiger Mann.

Die von Ponickau herrschten (bis 1783) über zehn Dörfer und eine Stadt. 326 Bauern und Gärtner sowie 86 Häusler waren ihnen untertänig, wie für das Jahr 1720 belegt ist. Die Belastung der Untertanen hielt sich durch die schmale Eigenwirtschaft des Rittergutes in Grenzen, anders als jenseits der Mulde im altslawischen Siedelbereich. Die zur Pomßener Grundherrschaft gehörigen Orte waren im wesentlichen Zinsdörfer mit ausgesprochen bäuerlichen Fluren. Sie sind im Verlauf der deutschen Landnahme, hier im Ostteil der Leipziger Tieflandsbucht nach Rodung des bis zur Mulde reichenden Merseburger Bannforstes, im 13. Jahrhundert zu gutem Besitzrecht entstanden. Zug um Zug wurden die schweren Geschiebelehmböden des eiszeitlichen Muldenbettes und des Waldbodens um das markgräfliche Rodungszentrum Naunhof durch fortgeschrittene Ackertechnik urbar gemacht. Hatten sich die Slawen mit ihrem hölzernen Hakenpflug an die Schwemmböden der Flußtäler gehalten, begannen deutsche Kolonisten mit dem Eisenpflug

Renaissance-Orgel Pomßen, Emporen und Kassettendecke

auch den Geschiebelehm als fruchtbare Ackerkrume zu erschließen. Die regelmäßigen Flurformen der Gewanne und Gelänge, die Siedlungstypen der Gassen- und Zeilendörfer, vor allem der sehr regelmäßigen Straßen-, Straßenanger- und Angerdörfer mit meist jeweils 20 bis 30 Hofstellen sowie die vielfach auf *-hain* endenden Ortsnamen der Gegend verraten den zeitlichen Zusammenhang ihrer Entstehung mit der Landesausbauzeit des 12./13. Jahrhunderts.

Von den Rittersitzen der Kolonisationszeit sind nur geringe Reste wie die genannten Bodendenkmale in den Albrechtshainer Wiesen, in der Parthenniederung südlich Lindhardts oder an der Naunhofer Parthenschleife erhalten geblieben. Auch für den Gutsbereich Pomßen konnte ein mittelalterlicher Vorgängerbau archäologisch nachgewiesen werden. Die Wasserburg ist im 16./17. Jahrhundert durch ein Renaissance-

Pomßen
Schloß

schloß überbaut worden. Dieses wiederum hat sein Aussehen 1848 entscheidend verändert. Der seinerzeitige Gutsbesitzer Johann Gottfried Dietze ließ den Renaissancebau in der Art eines englischen Landsitzes neogotisch umbauen, die Fassaden mit Türmen und Zinnenkranz neu gestalten. So ist es uns überkommen und seit 1948 als Kindergenesungsheim genutzt worden. Bald nach der Wende ist es verwaist – ein Problemfall wie viele sächsische Herrensitze und zugleich ganz singulär, wenn man sich den drohenden historischen Verlust für den Ort vergegenwärtigt.

In Pomßen scheiden wir aus dem südöstlichen Ausflugsgebiet; ein Radweg via Belgershain–Oberholz mit Anschluß an diese Bahnstrecke oder zum Bahnanschluß Großsteinberg führt nach Leipzig zurück.

Der Sax-Führer hat versucht, mit dem touristischen Angebot auch die ältere Geschichte der Parthendörfer und jene historischen Zusammenhänge wieder zu vermitteln, wie sie nun einmal im funktionalen Geflecht von Kirchspielen und Grundherrschaften des Gebiets über ein Jahrtausend hin gewachsen sind.

Der Partheraum aus der Sicht des AZV Parthe

Im Juni 1990 wurde durch Bürgermeister der Parthe-Anrainergemeinden der Gedanke geboren, sich in einer Verantwortungsgemeinschaft zu einem Zweckverband zusammenzuschließen und einen Beitrag zum Landschafts- und Gewässerschutz der Partheregion zu leisten. Das Flüßchen wurde dabei zum Leitbild eines langfristigen Konzepts und Namensträger des im Folgejahr gegründeten Abwasserzweckverbandes »Zur Reinhaltung der Parthe«. Die Verbandsgemeinden sind mit dem Anspruch einer harmonischen infrastrukturellen und umweltverträglichen Entwicklung dieses Lebensraumes angetreten.

Wasser darf nicht verbraucht, sondern nur gebraucht und der Natur gereinigt wieder zugeführt werden – so steht es im Gründungskonzept des AZV. Die großräumigen Wasserreservoirs sollen nachhaltig gesichert und die Parthelandschaft im Sinne der Erholungsvorsorge gestaltet werden. Die meist periodisch wasserführenden Gräben und Bäche sollen in ihrem natürlichen Charakter bewahrt und durch Gewässerrandstreifen und Ufergehölze ökologisch aufgewerten werden, sich in vielfältig strukturierten Wäldern und Grünlandschaften entwickeln können.

Um dies alles zu ermöglichen, wurde ein Entwässerungskonzept mit einem flächendeckenden Kanalsystem mit einer Zentralkläranlage bei Panitzsch entworfen. Seit dem ersten Spatenstich am 20. Juli 1991 sind über 160 Millionen DM in das Projekt investiert worden. Wenn das Klärwerk einmal 1999 fertiggestellt ist, soll ein über 80prozentiger Anschlußgrad erreicht sein. Damit haben dann die beteiligten Gemeinden Beucha, Borsdorf, Brandis, Engelsdorf (Ot. Althen, Baalsdorf, Hirschfeld, Kleinpösna), Großpösna, Holzhausen, Naunhof, Panitzsch und Parthenstein das Fundament für dieses Generationenprojekt der Zukunftssicherung erbracht.

Frank Mieszkalski, Vorsitzender

Unterwegs mit Sax-Führern

Heimatgeschichtliches, Naturräumliches wie Touristisches zum Leipziger Land und Muldenraum im Westentaschenformat 19.5 x 10.5 cm, broschiert mit farbigen Stadtplänen und Ausflugskarten in den Umschlagklappen

In der Elster-Luppe-Aue
von Agnes Berkemeier und Helmut Loose
104 Seiten mit 60 Farb- und SW-Fotografien
3 Karten, 12.80 DM, ISBN 3–930076–49–7

Bad Lausick – Die Kurstadt und ihre Umgebung
von Rudolf Priemer
40 Farbfotografien von Peter Franke
96 Seiten, 16.80 DM, ISBN 3–9802997–2–4

Pegau – Groitzsch. Wandern in der Elsteraue
von Tylo Peter
120 Seiten mit 30 Farbfotografien und 20 SW-Abb.
12.– DM, ISBN 3–930076–19–5

Wanderungen in der Parthenaue
von Lutz Heydick und Bernd Hoffmann
55 Farbfotografien von Werner Fiedler, 6 Karten
72 Seiten, 14.80 DM, ISBN 3–930076–05–5

Mit dem Wilden Robert durchs Oschatz–Mügelner Land
von Matthias Pleul
148 Seiten mit 30 Farb- und 30 SW-Fotografien und 10 Illustrationen, 14.80 DM, ISBN 3–930076–17–9

Colditz
von Rudolf Priemer und Wolfgang Stadler
60 Seiten mit 25 Federzeichnungen, 10.– DM
ISBN 3–9802997–7–5

Mutzschen – Wermsdorf
von Rudolf Priemer
72 Seiten mit 20 Farbfotografien und 25 Federzeichnungen, 10.– DM, ISBN 3–930076–04–7

Zur Zeit vergriffen: **Grimma und Muldental**
Wandern im Wurzener Land